Los misterios del imperio nazi

Redbook

Marius Lambert

Los misterios
del imperio nazi

© 2016, Marius Lambert

© 2016, Redbook Ediciones, s. l., Barcelona

Diseño de cubierta: Regina Richling

Diseño interior: Grafime

ISBN: 978-84-9917-396-2

Depósito legal: B-12.108-2016

Impreso por Sagrafic,
Plaza Urquinaona 14, 7º-3ª 08010 Barcelona

Impreso en España - *Printed in Spain*

Índice

A modo de breve prólogo

Pocos acontecimientos de la Historia de la Humanidad han dado pie a semejante proliferación de libros, conferencias, artículos, reportajes e incluso películas y anécdotas como cuanto tuvo que ver con el Tercer Reich y su entramado. Y si bien es ésta una afirmación que por lo sabida casi resulta innecesaria, conviene resaltarla a la hora de escribir un nuevo libro sobre tan dramáticos sucesos. ¿Qué se podrá contar de novedoso a la hora de referir aquel pavoroso periodo de la Historia, de cuyo final se cumplen ahora algo más de siete decenios? No obstante, acontecimientos de trascendencia planetaria como fue aquel trágico episodio dan siempre pie a una revisión de ciertos hechos que no por ser menos conocidos dejan de encerrar indudable interés; un interés que incluso puede servir para descubrir las claves ocultas y desconocidas de otros acontecimientos históricos aparentemente estudiados con detenimiento.

Los sucesos que conforman la Historia, al igual que sucede con los comportamientos humanos, ofrecen siempre múltiples lecturas. Muchas de ellas resultan tan sorprendentes que se le hace difícil aceptarlas a un observador imparcial. Creemos que los hechos más relevantes de aquel siniestro periodo de la historia de Alemania nos son bien conocidos, pero en ocasiones lo que aparentemente resultaba previsible puede dar paso a lo inverosímil, y lo que en principio semejaba razonable abre las puertas a lo monstruoso. Porque se ha de tener presente que los caminos de la Historia no se han trazado con el teodolito de la lógica —aunque algunos quieran pensarlo así— sino, y en gran medida, con el compás de lo aparentemente irracional. De este modo se llega a especular gratuitamente sobre los acontecimientos presentes y las posibilidades que entrañan. Se calculan y sopesan asimismo las opciones que ofrecerá el futuro, pero éste se revuelve contra nosotros como una víbora enloquecida que amenaza y desbarata todas nuestras previsiones.

En este proceloso discurrir del acaecer histórico sucede que, en ocasiones, —como acontece en el proceso histórico que vamos a tratar— se producen inesperadas conexiones, sucesos aparentemente aberrantes, comportamientos humanos y circunstancias imprevisibles. Y todo ello nos aboca a un mundo que nunca hubiéramos imaginado.

Nos proponemos revisar en estas páginas no solamente aquellos sucesos, que si bien fueron determinantes no han llegado a ser del dominio público, sino también el trasfondo multiforme de circunstancias y personajes que generaron la ideología monstruosa que condujo a una inmensa hecatombe. En este sentido vamos a intentar ofrecer una respuesta, de la manera más amena y veraz posible, a los múltiples interrogantes que jalonaron este dramático periodo de la historia contemporánea.

Ojalá hayamos sabido acertar en nuestro cometido; y que con la lectura de este libro el lector no solamente pueda informarse de aquellos puntos más oscuros, pero significativos, que conformaron el auge y caída del Tercer Reich sino que, al mismo tiempo, logre interpretar por su cuenta los enigmas históricos nunca bien aclarados de nuestra Historia más reciente. Este es nuestro más ardiente deseo.

1
Los inicios

Una temible profecía

Corría el año 1932 y Alemania se encontraba en una seria encrucijada política. Socialistas, nacionalsocialistas y socialdemócratas luchaban desesperadamente por hacerse con el poder. En el mes de abril, Hindenburg, apoyado por la facción socialdemócrata acababa de ser reelegido Presidente de la República, aunque en cinco importantes regiones del país —entre las que se encontraban Prusia y Baviera— fuera precisamente Adolf Hitler, esa figura de desatada ambición que se estaba haciendo cada año más importante en el ámbito político, la que hubiera obtenido mayoría de votos. Por su parte, Hindenburg no era más que un anciano de ochenta y cinco años cuyos tiempos de gloria ya habían periclitado, y cuyo gobierno se encontraba sometido a grandes presiones que no sabía muy bien cómo paliar.

En el mes de julio de ese mismo año 1932 se produce un golpe de estado contra Prusia, que constituía el último reducto socialdemócrata. Von Papen, un político que simpatiza con los emergentes nacionalsocialistas, se autodesigna comisario del Reich en esa región y depone al gobierno de coalición existente. De este modo se va abriendo el camino para el ascenso al poder de los hombres de Hitler. Un ascenso que se convertirá en un movimiento imparable.

Un año antes, en 1931, ya se había formado el frente de Harzburgo, alianza entre los nacionalsocialistas y los llamados «cascos de acero», que constituyen una especie de milicia nacionalista que ve como, poco a poco, se van incrementando sus filas. Es precisamente este «frente» el que ha proclamado a Hitler como aspirante a la presidencia del Reich alemán.

El 31 de julio de 1932 tienen lugar las elecciones generales en las que los nacionalsocialistas suman casi catorce millones de votos y más de doscientos diputados en el Reichstag. Alemania vive un momento de grave crisis política en la que se fraguan todo tipo de alianzas secretas y conjuras. La más importante es la tramada por Von Papen que ha sido nombrado canciller y cuyo gobierno, con su actuación dictatorial, facilitará la definitiva ascensión de Hitler al poder un año más tarde, cuando Hindenburg, aconsejado por los dirigentes conservadores de la gran industria que se sienten comprensiblemente atemorizados por la crisis política y social que está agitando al país, le obliguen a ofrecer a Hitler —al que en anteriores ocasiones se opuso tan vivamente— el cargo de canciller del Reich.

Es precisamente en ese año convulso de 1932 cuando un extraño individuo —un tal Adolf Lanz del que hablaremos seguidamente— escribe en una carta dirigida a un amigo las siguientes palabras que no tardarán en convertirse en una fatal profecía: «Hitler es uno de los nuestros. No habrá de pasar mucho tiempo antes de que llegue el día en que, unidos a él, haremos temblar al mundo».

El personaje en la sombra

Abramos por un momento un corto paréntesis en la trayectoria histórica de Adolf Hitler y sepamos quién era este Adolf Lanz del que tan poco se ha hablado y que se atrevió a pronosticar tan ominoso futuro para el mundo, en un momento sumamente crucial de la Alemania de posguerra. En principio se trata de un individuo aparentemente insignificante que, por esa misma circunstancia, ha pasado inadvertido a gran parte de los historiadores y de los biógrafos del nuevo canciller del Reich.

Según datos fiables, Adolf Lanz era de nacionalidad austríaca y había nacido en 1874. Como se podrá observar dos son las coincidencias que, hasta ahora, unen a este individuo con Hitler: el patronímico y la nacionalidad. Pero sigamos. Lanz ingresó siendo todavía muy joven en la orden cisterciense, concretamente en el monasterio de la Santa Cruz, en la que permaneció varios años como novicio. Sin embargo, de ese centro religioso fue expulsado, al parecer por mostrar una conducta arbitraria y poco acorde con las normas morales del Císter.

Una vez recuperado el estado laico, el antiguo novicio cuya cabeza albergaba las más extrañas ideas sobre temas políticos y sociales, se dispuso nada menos que a fundar su propia Orden, una especie de movimiento de índole mitad esotérico y mitad místico, a la que dio el pomposo nombre de Nuevos Templarios. Además de inspirarse, entre otras cosas, en las antiguas leyendas del Grial, la ideología que sustentaba a esta Orden de índole netamente ocultista era básicamente racista. Lanz propugnaba la excelsitud de la raza aria, a la que había que proteger de cualquier riesgo de contaminación con razas inferiores. Pero temiendo los peligros que pudieran correrse con un posible contagio de tales razas, preconizaba medidas de extrema cautela. En este sentido no importaban los medios que se utilizasen para conseguir la preservación de la pureza aria.

Bastantes años antes de que hiciese patente en 1932 su ya mencionada profecía, el antiguo novicio cisterciense y futuro máximo preboste de la orden de los Nuevos Templarios tuvo un encuentro con el joven Adolf Hitler en Viena. Poco se sabe de este encuentro, pero resulta evidente que las ideas del antiguo seminarista calaron profundamente en su oyente, que no tardaría mucho tiempo en hacerlas suyas.

Corría el año 1909 y quien al cabo de treinta años se habría de convertir en el Führer de la Alemania nazi no era por entonces más que un muchacho sin futuro, que se pasaba largas horas pintando cuadritos de poca enjundia y que cifraba sus aspiraciones en ser admitido en la Escuela de Bellas Artes de la capital austríaca. Sin embargo, algo bullía en la mente de ese pintor de escasa genialidad que le hacía simpatizar plenamente con las ideas racistas de su homónimo Lanz: su convencimiento de la supremacía de la raza aria, idea que no solamente le pertenecía a él, sino que constituía una constante de muchos movimientos socio-políticos germanos desde mucho antes de los tiempos de Lanz.

Éste, mientras tanto, se propuso convertir su nueva orden templaria en la clave del resurgimiento de una Alemania que se encontraba desarbolada tras la derrota experimentada en la Primera Guerra Mundial. En 1907 compró un solar situado en la loma de una colina que dominaba las riberas del Danubio. Allí pensaba construir un centro que constituyera en el futuro la sede y el cuartel general de su Orden.

Una Orden que impulsara la idea de una raza aria superior, incontaminada y rectora.

Cuando el edificio estuvo terminado los asistentes al acto de inauguración quedaron un tanto sorprendidos al ver cómo ondeaba en lo más alto de la torre la bandera de los Nuevos Templarios. El dibujo que figuraba en ese estandarte resultaba más bien extraño e incomprensible para los asistentes. No había en sus líneas ni en sus colores nada que recordara a la tradición germana. Por el contrario, sus trazos se mostraban sumamente enigmáticos. Lo que figuraba en aquella bandera era la svástica, la cruz sacral y milenaria de la India, que se iba a convertir muy pronto en el símbolo omnipresente del futuro nazismo.

Las amenazas de *Mein Kampf*

En el mes de julio de 1925 apareció en los escaparates de algunas librerías de Viena un libro en formato de bolsillo y encuadernado en rústica que tenía por título *Mein Kampf* (*Mi lucha*). Su autor: Adolf Hitler. La editorial era propiedad de un tal Franz Eher Nachfolger quien, sin pertenecer que se supiera a ningún partido extremista, sentía simpatía por el autor y sus pretensiones políticas.

En principio el libro iba a tener otro título, más bien largo y claramente panfletario («Cuatro años y medio de lucha contra las mentiras, la estupidez y la cobardía» era el título que Hitler había pensado para su obra) pero el editor, Max Amann, que ya se había comprometido anteriormente con la publicación de otros opúsculos de ideología nazi entendió —ciertamente con una buena visión comercial— que el título puesto por el autor resultaba muy poco atractivo y sugirió cambiarlo por el de *Mi lucha*, que a su juicio tenía mucha más garra. Hitler convino en el cambio, y de ese modo el libro pasaría a la Historia con el nombre que es conocido en todo el mundo.

Max Amann hubiera deseado que Hitler escribiera otro tipo de libro. Una obra que posiblemente resultara más interesante para la mayoría de sus potenciales lectores. Por ello trató de convencer a Hitler para que se inclinara por un texto de corte más autobiográfico (para entonces la ideología extremista de Hitler, como agitador de la derecha, ya era muy bien conocida de cierto sector del público alemán) en la que, además de incluir la trayectoria política del autor, se hiciera resaltar el famoso Golpe de Munich, un suceso que había puesto a los nazis en el candelero político. Hitler, sin embargo, no siguió esa sugerencia por considerar que podía perjudicar sus intereses.

Mi lucha fue escrita (aunque mejor sería decir «dictada», ya que fue Rudolf Hess el copista que puso en el papel las palabras del Jefe, durante el tiempo que también estuvo recluido en la misma prisión) a lo largo de los meses que Hitler pasó en la cárcel de Lansberg, en el verano de 1924. De todas formas, el texto de la obra se concluyó en Berchtesgaden, cuando ya se encontraba en libertad.

Hitler había sido recluido —aunque el trato que recibió durante su internamiento fue más bien suave y hasta complaciente— para cumplir una condena de cinco años por ser el promotor y artífice del ya mencionado Golpe de Munich. Sin embargo, su permanencia en prisión se vería limitada a unos pocos meses —sin que se sepan muy bien los motivos de esta reducción de pena—, al cabo de los cuales fue puesto en libertad.

Mi lucha iba a constar en su primera versión editorial de dos volúmenes, el segundo de los cuales se publicaría en 1928. La obra, en su conjunto, constituía en apariencia un diagnóstico y un programa político para Alemania. Pero fundamentalmente era un alegato antisemita: «el peligro judío» con el que el autor pretendía alertar a su «amado» pueblo alemán sobre las amenazas que le acechaban. Los males del mundo estaban causados básicamente por dos enemigos a los que había que eliminar de la faz de la tierra: el comunismo y el judaísmo, si bien éste último era el causante de las mayores desgracias y, por consiguiente, constituía una tarea sagrada acabar con él. En cuanto a los comunistas también eran para él judíos —es decir, elementos aviesos y peligrosos—, por lo que asimismo era necesario borrarlos del mapa sin contemplaciones.

Hitler consideraba que los judíos trataban de organizar una gran conspiración para obtener el liderazgo mundial, de ahí su peligro.

Un dato que no se debe olvidar, es el papel que jugó en este odio acérrimo hacia los judíos una obra de escaso valor literario pero de enconado ánimo, escrita por un elemento fieramente antisemita al que pocas veces se menciona. Ese autor fue el famoso industrial americano Henry Ford, que siempre dio muestras de sentir una profunda simpatía por Hitler. De hecho, uno y otro mantuvieron contactos y mostraron una amplia comunión de ideas. La obra de Ford a la que nos referimos llevaba por título: «El judío internacional: el primer problema del mundo», y aunque no era más que un mero panfleto propagandístico servía para enardecer el espíritu del antisemitismo.

El nuevo mesías de Alemania

Como bien se pudo observar a lo largo de la historia del nazismo, en muchos aspectos de su carrera política la postura de Hitler respecto al ámbito religioso también mostró dos niveles: el manifestado en público, y el personal y privado.

Poco después de iniciada su carrera política Hitler preconizó la importancia de un dogma religioso y la necesidad de que el pueblo estuviera sometido a una base moral ya que, de acuerdo con sus afirmaciones, la religión constituía su fundamento ético. No obstante, lo cierto es que en su fuero íntimo pensaba de muy diversa manera. Uno de sus biógrafos, Hermann Rauschning, que militó durante algún tiempo en el partido nazi y mantuvo una cierta relación con Hitler durante los primeros años 30, afirma en su obra *Conversaciones con Hitler* que éste le manifestó en cierta ocasión su deseo de eliminar el cristianismo de Alemania, porque consideraba que esta religión y el nacionalismo alemán eran absolutamente incompatibles. A su juicio, el cristianismo había constituido históricamente una rémora para el desarrollo de los pueblos y convendría exterminarlo cuando llegara el momento.

Baldur Von Schirach, jefe de las Juventudes Hitlerianas e íntimo colaborador de Hitler durante algún tiempo, afirmaba enfebrecido que la juventud alemana tenía que ser educada en una única fe, y esa fe se llamaba Hitler. Por su parte, Alfred Rosenberg, el más notable de los ideólogos nazis, ajusticiado en Nuremberg por crímenes de guerra, declaraba en 1939 que todas las iglesias cristianas debían desaparecer de la vida del

La Juventudes Hitlerianas tenían como finalidad entrenar a futuros ciudadanos del Reich y soldados que más adelante sirvieran a la Alemania nazi.

pueblo alemán. Hitler, por su parte, insistía en que el único dios era Alemania y que, por consiguiente, había que creer plenamente en ella.

Como consecuencia de todo este patrioterismo exacerbado no es de extrañar que en cuanto Hitler llegó al poder se intensificaran las persecuciones a los sacerdotes y clérigos de todas las religiones, especialmente a los católicos (no olvidemos que Hitler había nacido en Baviera, región eminentemente católica, en la que la figura del Papa gozaba de gran predicamento) calculándose que varios miles de ellos fueron internados en campos de concentración y exterminados.

Reinhardt Heydrich, el jefe de la Gestapo y protector de Bohemia y Moravia, muerto en un atentado de los patriotas checoslovacos en 1942, afirmaba sin rubor en 1934 que Hitler llegaría a ocupar muy en breve en Alemania el puesto que todavía ocupaba Cristo. Hitler se convirtió en pocos años en el Salvador, el elegido de Dios, el ser providencial que había estado esperando Alemania durante muchos años.

No es de extrañar, por tanto, que ante tales adhesiones de unos y otros Hitler se sintiera un ser superior, una especie de Mesías de la nueva Alemania. En una palabra: el Salvador de los tiempos por venir.

Una figura perversa

No cabe duda de que uno de los personajes más complejos y nefastos de entre todos los jerarcas del nazismo fue el jefe de las SS, Heinrich Himmler. Incluso su figura inspiraba los sentimientos más negativos. «Parece un ser de otro planeta, un individuo sumamente extraño», decía de él el general Heinz Guderian, jefe supremo de los ejércitos alemanes durante la Segunda Guerra Mundial. Por su parte el gélido Alfred Rosenberg, el teórico nazi íntimo amigo de Hitler que ordenó la matanza de miles de ucranianos y judíos, aseguraba que le resultaba imposible mirar a Himmler a la cara cuando éste le hablaba. Asimismo alguien que conoció muy directamente al jerarca nazi decía de él que cuando lo tenía delante le parecía estar ante un robot. Comentarios de esta índole abundaban al referirse a él. Pero ¿quién era, en realidad, este personaje siniestro? Hagamos un breve bosquejo de esta ominosa y decisiva figura del Tercer Reich.

Heinrich Himmler había nacido en 1900 en el seno de una familia de clase media, oriunda de Baviera. Segundo de tres hijos, vivió una infancia y juventud que no vaticinaban en absoluto la entidad del hombre que llegaría a ser. Perteneciendo a una familia católica, como era lo corriente en Baviera, demostró a lo largo de su adolescencia un comportamiento de notable religiosidad y firmes creencias que nada hacían presagiar su diabólico comportamiento futuro.

A los diecisiete años, teniendo ya la edad mínima reglamentaria, decidió alistarse en el ejército tras verse obligado a renunciar a su primera vocación de maestro de escuela, debido a problemas de índole oftalmológica. Como soldado nunca llegó a intervenir en la Gran Guerra, y dejó el servicio militar al concluir aquella. Tras un breve periodo pasado en el campo para recuperarse de una enfermedad (al parecer, se trató de unas fiebres tifoideas) e ingresar pasajeramente en la Universidad de Munich, Himmler entró en contacto con los primeros nacionalsocialistas, quedando profundamente impresionado al conocer en 1924 a su líder Adolf Hitler al que no dudó en considerar como el salvador de la nueva Alemania.

A partir de ese momento, la admiración que el joven Himmler siente por Hitler se convierte en una cada vez más estrecha colaboración con el líder. Éste, que ha venido observando las particulares dotes organizativas y la fidelidad inquebrantable de que hace gala su nuevo allegado, le confía distintas misiones dentro del partido hasta que en 1929 acaba por nombrarle Reichsführer. La fulgurante y temible carrera del fracasado maestro de escuela ha comenzado.

A finales de 1933 la capacidad organizativa de Himmler dio su fruto. Las recién formadas SS, de las cuales él era el jefe nombrado por Hitler, y que pocos años antes no contaban en sus filas más que un par de cientos de afiliados alcanzaba la sorprendente cifra de 200.000 afiliados. Estos triunfos logran que Hitler le nombre en 1934 jefe de la Policía Secreta del Estado, la temible Gestapo.

Algunos autores han mencionado la posible capacidad mediúmnica de Himmler. Por su parte, y en más de una ocasión, él mismo se jactó de poder relacionarse con los espíritus que, siempre que lo necesitaba, le proporcionaban su ayuda. Como anécdota cabe mencionar que cuando se celebró el décimo centenario de la muerte del rey Enrique I, antiguo monarca medieval de francos y sajones, Himmler se trasladó a la localidad de Quedlinburg en la que se hallaba enterrado el citado rey, y allí realizó ante su tumba el saludo nazi a modo de homenaje. En el fondo, el gesto no era más que una muestra de agradecimiento porque, según él mismo confesaba, el espíritu de Enrique I le visitaba con frecuencia y le proporcionaba valiosos consejos. Al parecer, las cosas llegaron al punto de creerse que era una reencarnación del propio rey.

Una vez que Hitler fue nombrado Canciller del Reich, el poder de Himmler dentro del partido creció de forma exponencial. Su afán por conseguir una Alemania de pura raza aria le llevó a crear los famosos

Einsatzgruppen «los comandos del esfuerzo» destinados a preservar la limpieza racial, eliminando a miles de incapacitados físicos y enfermos mentales. Posteriormente, estas «depuraciones» se extendieron a gitanos y judíos a los que se internó en campos de exterminio, ya mucho antes de que Alemania entrase en guerra.

La imparable ascensión de Himmler le llevó a ser nombrado, aunque ya en los últimos meses de la guerra, Comandante en Jefe de los ejércitos del Vístula, cargo en el que demostró poseer muy escaso talento militar. Mientras tanto se iban cumpliendo sus órdenes referentes no solo al exterminio colectivo de los judíos que se encontraban en los campos de concentración, sino también a todos los prisioneros adversarios del Régimen.

Una vez producida la toma de Berlín, y tras el suicidio de su idolatrado Hitler, aquel Himmler lleno de jactancia y vanidad, aquel individuo contradictorio, ambicioso y esquivo que no dudó en permitir las mayores atrocidades llevadas a cabo con los prisioneros en los campos de concentración, y de dictar las más estremecedoras órdenes de exterminio de millones de seres humanos, trató de huir cobardemente y de ponerse a salvo de la debacle final disfrazado de simple sargento. Finalmente descubierto, se suicidó ante sus apresadores masticando una cápsula de cianuro, escapando de este modo al juicio que le esperaba por ser sin duda el mayor de los criminales nazis.

Vale la pena mencionar el hecho sorprendente de que a pesar de sus infinitas atrocidades, Himmler nunca tuvo el menor atisbo de su malvada personalidad. En apariencia era un hombre educado, incapaz de toda violencia y presto siempre a animar una reunión contando historietas y chistes. Sabedor de que tenía fama de ser un elemento nefando se sintió durante algún tiempo preocupado por ello, pero pronto consideró que lo mejor era no darle importancia al asunto y admitir el hecho, si era preciso, bromeando al respecto.

La siniestra Orden de las SS

Desde el momento en que Himmler se hizo cargo de la jefatura de las SS las exigencias para entrar en este cuerpo se hicieron sumamente rigurosas, superando con mucho las condiciones pedidas a sus candidatos du-

Tras tomar el poder Himmler colocó a las SS en una posición inexpugnable
al asumir el control de las fuerzas de la policía alemana.

rante la jefatura de su anterior líder y fundador Julius Schreck, muerto
de meningitis en 1936.

Himmler, el nuevo líder, había tomado la decisión de que cuantos
intentasen pertenecer al movimiento deberían ser ante todo unos perfec-
tos ejemplares de la superior raza aria. Para ello encargó a uno de los
pioneros de las SS, el capitán Bruno Schultz, que había sido anteriormente genetista, que realizase una lista de las características que deberían poseer los candidatos al ingreso en la Orden. Schultz estableció varios grupos raciales, en el primero de los cuales se incluían los individuos
pertenecientes por entero a la raza nórdica; en el segundo figuraban
aquellos otros que si bien pertenecían a una raza predominantemente
nórdica no tenían la absoluta pureza de los primeros. Existía un tercer
grupo formado por elementos que aunque manifestaban básicamente su
ascendencia nórdica mostraban ciertas características de mezcla con razas alpinas o mediterráneas.

Naturalmente esta selección exigía que todos los componentes de las
SS fueran individuos de talla alta, rubios y bien proporcionados. Al parecer estas condiciones físicas solamente se exigían a los miembros de los
cuadros inferiores, pues en lo referente a los mandos superiores se esta-
blecían notables excepciones (el propio Himmler, paradójicamente, tenía
defectos físicos considerables).

Todo candidato a las SS estaba obligado a pasar obligatoriamente por un periodo de prueba, antes de su ingreso definitivo en las filas de la Orden. En esto, como en otras muchas cosas, Himmler seguía las pautas de la militancia de otras organizaciones de tipo secreto, sin olvidar las que regían en una orden religiosa cristiana, la de los jesuitas, por la que sintió curiosamente una notable simpatía, al menos en los primeros tiempos. En paralelismo con esta orden jesuítica fundada por Ignacio de Loyola, los candidatos a las SS se veían obligados a pasar por un tiempo de espera y de prueba, durante el cual se observaba muy detenidamente las cualidades del individuo antes de que este pudiese hacer el juramento final de pertenencia a la Orden.

Este juramento solemne hecho por los candidatos al finalizar su periodo de prueba se celebraba el día del cumpleaños de Hitler, y en él se juraba lealtad, obediencia y valentía al Führer hasta la muerte. Posteriormente, el miembro ya ingresado en las filas de la SS tenía que prestar otros votos y juramentos que obedecían a la tradición de contenido pseudo místico impuesta por Himmler. Entre ellos figuraba el compromiso del miembro a no contraer matrimonio sin la previa autorización de sus superiores, quienes comprobarían previamente el grado de pureza de raza y de salud de la novia.

Como toda orden de estructura severamente jerarquizada, los miembros de las SS tenían un reglamento que debía cumplirse a rajatabla. Las infracciones que revestían mayor gravedad —entre las que figuraba la homosexualidad— se castigaban con la muerte, a partir de la orden emanada de Himmler en 1937. En esto el jerarca seguía la creencia de ciertos movimientos esotéricos, que consideraban la homosexualidad como una grave distorsión espiritual del individuo.

Otras particularidades de carácter aparentemente más superficial, pero no por ello menos significativas, vinculaban a las SS con esa clase de movimientos esotéricos ya referidos, que eran muy del agrado no solo de Himmler sino del mismo Hitler. Pongamos como ejemplo, las insignias y el uniforme de esta ominosa orden militar.

No se podría decir que el uniforme de los miembros de las SS fuera estimulante ni gallardo. El color de sus prendas era el marrón y el negro, siendo sus únicos adornos la pequeña calavera de plata y la significativa insignia, consistente en dos rayos paralelos, que era un antiguo símbolo o signo rúnico.

Según afirma uno de los estudiosos más relevantes de la estructura y características de esta orden, «las actividades de las SS se encontraban protegidas por un cendal de misterio. Ninguna persona ajena a la Orden podía conocer los manejos de las SS, ni tan siquiera un miembro del Partido. La Orden de Himmler estaba envuelta en un hálito misterioso».

Este hálito de secretismo estaba presente no sólo en muchas de las reuniones de las SS sino también, y en buena medida, en el comportamiento de sus miembros. Aunque muchas de las reglas que se le imponían a éstos fueron desvirtuándose con el tiempo, en principio ningún SS podía hablar con otras personas no pertenecientes a la orden, a menos que lo exigiera el cumplimiento de su deber. Los sentimientos personales, por lo demás, también estaban proscritos. Era necesario que todo miembro cultivase «un cierto carácter». La crueldad, y hasta el sadismo, existente en muchos de los actos cometidos por destacados SS son un claro testimonio de esta falta de lo que se consideraba un «falso sentimentalismo».

También las festividades de las SS obedecían a un evidente calendario mágico. Al margen de la obligada celebración del cumpleaños de Hitler, una de las fiestas principales impuestas por Himmler para sus hombres era la celebración del solsticio de verano, siguiendo así la más pura tradición solar de los antiguos magos.

Por lo demás, no hay duda de que la Orden de la Calavera, las temibles SS, se complacían viviendo en las tinieblas.

Una extraña Sociedad

En el mes de julio de 1935, el mismo año en el que el antisemitismo recibió respaldo legal en la Alemania nazi, hizo su registro en los organismos oficiales una fundación que llevaba el elaborado y pomposo nombre de «Sociedad para la Investigación y Enseñanza sobre la Herencia Ancestral Alemana». Una entidad más conocida por su abreviatura alemana: SS-Ahnenerbe.

En los estatutos de su registro oficial, la Ahnenerbe se proponía «realizar investigaciones sobre la raza indogermánica del Norte, y divulgar los resultados conseguidos de una manera que resultara interesante para el público en general».

La recién fundada Sociedad había sido creada por dos figuras que se encontraban a caballo entre el ámbito científico y el político del momento. El primero de estos personajes fue Herman Wirth, un historiador dedicado por entero a las corrientes migratorias de los pueblos prehistóricos. Hombre de gran cultura pero de ideas un tanto extrañas y proclive a creencias ocultistas, Wirth había fundado una institución para la investigación histórica que constituiría el antecedente de la ya mencionada Ahnenerbe. Wirth era hombre de vasta cultura, todo un erudito en sánscrito y buen conocedor de varias lenguas muertas. Había escrito una obra monumental que llevaba por título *La aurora de la Humanidad*, publicada en 1928; una obra que fue motivo de grandes controversias en ambientes científicos y medios ultranacionalistas. En este libro Wirth estudiaba infinidad de símbolos rúnicos pertenecientes a diversas culturas noreuropeas y afirmaba que la cuna de los pueblos arios había estado ubicada en un punto, no bien definido, de las tierras más septentrionales de Europa.

El otro fundador de la Sociedad Ahnenerbe fue Walter Darré, jefe de la llamada Oficina de la Raza y ministro de Agricultura del Reich. Darré había nacido en Buenos Aires, hijo de padre alemán y madre argentina. De regreso a Alemania con su familia se interesó por los trabajos de cultivos, plantas y granjas. Tras la Primera Guerra Mundial, en la que participó y en la que fue herido repetidamente, se hizo miembro de un grupo étnico que propugnaba la ascendencia de la raza aria y la conveniencia del retorno a la tierra. A partir de 1930 Darré se afilió al partido nazi, y tras el ascenso de éste al poder fue nombrado ministro de Agricultura. Su trabajo en este ministerio, sus teorías sobre la política de expansión nazi y su liderazgo entre los campesinos le granjearon la simpatía de Himmler.

Este último fue el verdadero promotor y presidente de la Sociedad Ahnenerbe, una institución que tenía como actividad principal las investigaciones antropológicas y arqueológicas tendentes a demostrar la superioridad de la raza aria.

La Ahnenerbe llegó a contar en sus filas con más de cien especialistas y científicos de muy diversa índole, amén de fotógrafos, técnicos y personal administrativo de todo tipo. Por si esto fuera poco eran miles de individuos los que se encargaban de difundir las ideas de la Sociedad en escuelas y colegios. Aquellos profesores que no se mostraban muy acordes con la ideología de la Sociedad eran poco a poco retirados de la enseñanza. En las universidades las exigencias eran mayores. Cualquier candidato que deseara ocupar un puesto docente en la Universidad tenía que pertenecer obligatoriamente a la Sociedad o, cuando menos, manifestar su total adhesión a la ideología de aquella.

Entre las curiosas actividades de la Sociedad merece reseñarse la expedición que algunos de sus miembros más sobresalientes realizaron al Tíbet en 1938. Se trataba de una expedición secreta que se proponía encontrar los orígenes de una raza nórdica. Fuera como fuese, estos trabajos de investigación concluyeron un año después sin obtener grandes resultados.

En el periodo anterior a la II Guerra Mundial la Ahnenerbe se convirtió en una sociedad cómplice de Himmler y de las directrices que de él emanaban, favoreciendo los terribles experimentos científicos que se realizaban con seres humanos ya que, hemos de recordar, los campos de concentración y de exterminio, especialmente el de Dachau, se encontraban bajo el control de la nefasta Sociedad.

En 1940, tras los primeros y victoriosos avances de la Alemania nazi en los frentes de la Segunda Guerra Mundial, la «Sociedad para la Investigación y Enseñanza sobre la Herencia Ancestral Alemana», es decir la Ahnenerbe, quedó integrada en el marco de las SS. Muchas de las atrocidades cometidas con los prisioneros de los campos de concentración, y más concretamente en de Dachau, llevarían su sello so capa de

Abreviatura de Schutzstaffel o Cuerpo de Protección, las SS constituían la unidad paramilitar y guardia personal de la alta jerarquía del Partido nacional Socialista.

investigaciones para demostrar las teorías de la superioridad de la raza
aria.

En los juicios celebrados en Nuremberg, tras de el final de la guerra,
solamente se pudo juzgar a uno de los jefes de la Ahnenerbe, el coronel
Wolfram von Sievers escogido por el propio Himmler para dirigir la Sociedad. Los demás jerifaltes de la Sociedad —ya que no se puede considerar a Rosenberg como un miembro activo de la Ahnenerbe— habían
muerto o bien habían desaparecido. Sievers —«un elemento incapaz de
ocultar su innata maldad»—, que ingresó en las filas de las SS en 1933 y
había sido considerado por las élites como «el perfecto ejemplar nórdico», fue condenado a la horca por los asesinatos, brutalidades, torturas
y demás actos inhumanos en los que había participado durante su actuación como director de la Ahnenerbe. La condena se cumplió en los primeros días de junio de 1948.

La aventura estrafalaria

Al hablar de la sociedad Ahnenerbe resulta casi imposible evitar la mención de una de sus empresas más significativas y, al mismo tiempo, más
estrambóticas: la búsqueda del «continente perdido» de la Atlántida.

Heinrich Himmler tenía una descomunal obsesión por lo ocultista y
lo esotérico en sus niveles más discutibles y legendarios, siempre que ello
pudiese enriquecer o simplemente adornar su Orden Negra de las SS. No
es de extrañar por tanto que su descabellada teoría de que la raza aria
tenía unos orígenes cuasi sobrenaturales representase uno de sus principios más queridos. Pero para corroborar sus fantasías era necesario encontrar algún tipo de pruebas. Y eso fue lo que pretendió realizar con la
ayuda de ciertos científicos afiliados en su mayoría al partido nazi, de los
cuales Herman Wirth, al que ya mencionamos anteriormente, era el jefe
supremo como director de la recién fundada sociedad Ahnenerbe.

En el mes de julio de 1935, con el partido nazi ya bien instalado en el
poder, se reunió en la sede de las SS un grupo de eruditos alemanes bajo
el patrocinio de Heinrich Himmler. Su propósito: indagar sobre las raíces arias de la raza germana.

Wirth estaba convencido de la existencia de la Atlántida, aquella
isla inmensa llena de riqueza y sabiduría, mencionada por Platón en

uno de sus *Diálogos* y situada, según el filósofo griego, no lejos de las fabulosas Columnas de Hércules, más o menos enclavadas en lo que podría considerarse el actual estrecho de Gibraltar. La creencia de Wirth en la existencia de la Atlántida estaba apoyada no solo por Himmler, sino también por otro destacado ideólogo de las SS, Alfred Rosenberg.

Rosenberg había ascendido en 1933 al cargo de Jefe de Asuntos Exteriores del Partido Nazi. Su ferviente creencia en la llamada «teoría racial», que predicaba la superioridad de los pueblos nórdicos de pura raza aria quedó plasmada en su obra *El mito del siglo xx* que tuvo una gran divulgación en la Alemania nazi. Nombrado en 1941 por Hitler ministro de los Territorios Ocupados del Este, llevó a cabo una sistema persecución y exterminio de «elementos no arios en Ucrania y Bielorrusia», por lo que una vez capturado, y a pesar de sus insistentes afirmaciones de que desconocía las órdenes de Hitler, fue condenado a muerte en Nuremberg por crímenes contra la Humanidad en 1946.

Pero en su momento, convencidos tanto Himmler como Rosenberg de la pureza ancestral de la raza germana, habían cursado órdenes de que se llevasen a cabo diversas expediciones a las zonas más septentrionales de Europa, ya que algunos autores señalaban Escandinavia como el emplazamiento de la mítica Atlántida.

Como era previsible, ninguna de las mencionadas expediciones consiguió obtener pruebas fehacientes de la existencia del fabuloso continente perdido —cuna, como se había postulado, de la raza aria— para desencanto de los ideólogos nazis.

El intelectual de Himmler

Entre las figuras más sobresalientes del ámbito cultural con las que quiso contar Himmler para llevar a cabo sus ambiciosos proyectos de una nueva Alemania se encontraba Erns Günther Troche, notable historiador de Arte del Museo Nacional de Nuremberg quien, al no verse implicado en delitos durante el periodo nazi, pudo continuar como director del Museo Germánico una vez acabada la guerra.

Poco antes de que se desencadenase el conflicto, Troche conoció a Otto Rahn, el eminente y heterodoxo medievalista berlinés que pretendió en su día descubrir los tesoros del templo de Salomón y el Arca de la Alianza. En 1939 Troche asistió a una reunión con Rahn durante la cual éste le hizo una confesión: «Ningún sueño resulta demasiado grande ni imposible para los nazis», una afirmación que caló hasta tal punto en la mente de Troche que, desde ese momento, quedó conquistado por la ideología nazi.

No obstante, no fue necesario que transcurriese mucho tiempo para que el conspicuo historiador de arte se diera cuenta de que era necesario andar con pies de plomo por los sombríos y peligrosos vericuetos del nazismo. Rahn, su valedor, cayó en desgracia cuando fracasó en su quimérica empresa de encontrar el Santo Grial. Por si esto fuera poco, corrían serios rumores acerca de su posible desviación homosexual. Fuera como fuera, lo cierto es que Rahn terminó suicidándose o, al menos, eso fue lo que divulgó la prensa oficial. Troche jamás hubiera podido imaginar que ése sería el final que le esperaba al hombre que le había incitado a formar parte de la sociedad Ahnenerbe.

En 1937 la carrera profesional de Günter Troche experimentó un rápido ascenso. De su puesto de simple archivero pasó a ocupar la dirección del museo de Breslau, capital de Silesia. Naturalmente se trataba de un importante paso, y no hay duda de que hubiera podido ascender todavía mucho más si se afiliase a las SS de Himmler, condición que resultaba imprescindible para ocupar los más altos cargos. Pero Troche dudaba.

Para convertirse en miembro de las SS era necesario un intenso periodo de formación en lo que se denominaba «lugares de entrenamiento». Estos lugares se encontraban en Dachau y en otros campos de concentración, en donde el candidato a ocupar un puesto relevante debía presenciar y familiarizarse con las técnicas puestas en marcha por las SS. Tras este primer periodo de entrenamiento era obligado ir a Wewelsburg, cerca de Francfort, en donde Himmler poseía un espléndido castillo para los mandos de las SS, en el que tenía lugar la formación definitiva de los futuros altos mandos. Pero Troche no estaba dispuesto a ir a Dachau ni al castillo de Himmler. Lo que había visto y oído en Breslau le bastaba para conocer cuáles eran los ocultos propósitos que animaban el espíritu de Himmler.

Así pues, Breslau había constituido «el camino de Damasco» para Troche, la revelación meridiana de lo que serían las atrocidades nazis. Se le había llevado a la ciudad silesia para que la transformase, creando en ella una comunidad que constituyese un modelo enaltecedor de la cultura y del espíritu de la nueva Germania. Pero para ello, naturalmente, había que limpiar la ciudad de judíos y polacos de origen eslavo. El museo que iba a dirigir debería ser no solo un lugar en el que se expusiese el puro arte alemán, sino también un escaparate de la concepción aria que Himmler y Hitler querían.

A Troche se le encomendó también supervisar la construcción de una granja modelo en donde los visitantes descubrirían una versión de las edénicas granjas alemanas. Las instalaciones también deberían tener unas aulas en donde se enseñara a los escolares alemanes las características de las «razas inferiores», judíos, gitanos, etc.

Pero como sucedió con tantos otros proyectos de Hitler, la ciudad modélica de Breslau, que no era sino otra de las utopías de la Ahnenerbe, corrió un destino trágico. Durante la Segunda GuerraMundial, y tras la batalla de Stalingrado, el avance de los ejércitos rusos permitió la reconquista de Polonia. A la villa modélica de Breslau se le encomendó la tarea de detener ese avance. Miles de alemanes a los que la propaganda nazi había convencido para que se instalaran tiempo atrás en Breslau quedaron cogidos ahora entre dos frentes. Las bajas fueron enormes.

Pero a este drama hay que añadir un hecho de inaudita crueldad. Las autoridades nazis obligaron a los habitantes de Breslau a construir a toda prisa una pista de aterrizaje, para lo cual fue necesario destruir cientos de viviendas. Se calcula que murieron asimismo más de nueve mil civiles, tanto alemanes como polacos, durante la construcción de este improvisado aeropuerto.

Cuando las tropas soviéticas se aproximaron a Breslau, en su imparable avance hacia Berlín, los mandos nazis abandonaron la ciudad. En aquel aeropuerto construido con el sacrificio de tantas vidas sólo se realizó un único vuelo: el del avión que partió para Alemania llevando a bordo a los mandos nazis. Ningún civil alemán pudo abandonar la localidad, que finalmente fue tomada y arrasada por las tropas rusas.

Troche no fue testigo de la destrucción de aquella ciudad en la que había puesto tantas ilusiones. Para entonces ya había sido designado director del monumental museo que Himmler había concebido en Nuremberg, destinado a ensalzar las glorias de la raza aria germánica. Entre los tesoros que enriquecerían el museo se encontraban no solamente los cuadros y joyas que ya se habían saqueado de los museos

La concentración del partido nazi en Nüremberg del 30 de agosto
al 3 de septiembre durante el año 1933, fue una de las mas grandes del régimen,
más de medio millón de miembros de la NSDAP.

austriacos, sino también los hermosos retablos que los funcionarios de la Ahnenerbe habían traído de la catedral de la histórica ciudad polaca de Cracovia.

Formando parte del precioso contenido del grandioso museo de Nuremberg se encontraban las joyas de la corona de los antiguos reyes polacos y, sobre todo, la Santa Lanza que constituiría tanto para Hitler como para Himmler uno de los símbolos indiscutibles del nuevo Régimen, del imperio nazi de los Mil Años.

Troche participó en el diseño de las nuevas salas del museo, si bien habría de ser Albert Speer, el arquitecto mimado de Hitler, el que diseñaría el resto de las grandiosas construcciones y el planteamiento urbanístico de la ciudad de Nuremberg, de aquella ciudad que Hitler se proponía dotar del esplendor que había tenido durante la Edad Media, en los tiempos gloriosos del Sacro Imperio Romano Germánico.

La ciudad insignia del nazismo

El 6 de septiembre de 1938, justo un año antes de que se declarase la Segunda Guerra Mundial con la invasión de Polonia por las tropas alemanas, tuvo lugar en la emblemática Nuremberg la inauguración de una impresionante exposición, que los maravillados visitantes contemplaron con el respeto propio del que asiste a una ceremonia sagrada.

Se había escogido precisamente Nuremberg por su larga y gloriosa tradición histórica. De todas las ciudades alemanas era la única que había obtenido en 1219 el título de Ciudad Imperial Libre, bajo el reinado del emperador Federico II, convirtiéndose durante el Renacimiento en uno de los centros culturales más importantes de Alemania.

Precisamente por la importancia que había tenido la ciudad durante el Sacro Imperio Romano Germánico y, sobre todo, por su significación histórica y cultural en el ámbito del germanismo había sido seleccionada por Hitler como sede de los congresos que celebraba periódicamente el Partido Nazi. Curiosamente, una gran parte de la población no se sentía identificada con la ideología nazi, a diferencia de otras ciudades alemanas más proclives a ella. No obstante, las autoridades locales y el propio régimen se esforzaron por presentar a Nuremberg como la ciudad prototípica germana y la más leal al nazismo.

En Nuremberg se celebraban anualmente las magnas concentraciones del Partido Nazi a las que acudían cientos de miles de militantes de todo el país. Hitler las presidía desde la tribuna que para él había diseñado su arquitecto favorito, Albert Speer. Desde ese podio el Führer arengaba a sus seguidores con soflamas sobre la grandeza del III Reich y la necesidad de mantener vivo el espíritu antisemita.

Los tesoros que se exhibían en la magnífica exposición ya referida habían sido enviados a la ciudad desde diversos puntos de Alemania y de los recientemente anexionados territorios austríacos. La operación de «recuperación» y selección de aquellas obras de arte no había sido fácil. Entre los principales personajes que habían intervenido en el proyecto se encontraba el propio Himmler asistido por Kaltenbrunner, que para entonces ya había sido nombrado comandante de las SS austríacas.

El acto de inauguración de aquella magna exposición estaba presidido por Arthur Seyss-Inquart,* el flamante gobernador nazi de Austria. En el discurso del acto de inauguración Seyss-Inquart repitió solemnemente la declaración que el emperador Segismundo había hecho cinco siglos antes, ofreciendo los tesoros expuestos a la ciudad de Nuremberg «para toda la eternidad».

Pocos días después de que se inaugurase la exposición, Hitler se trasladó a Nuremberg para presidir el sexto congreso del Partido y pudo contemplar los tesoros exhibidos en la exposición. El acto revistió toda la parafernalia que regía en los actos de las conmemoraciones nazis. Un despliegue de batallones de las SS rodeaba el edificio. Sonaron trompetas y timbales y Hitler entró en el edificio en el que tenía lugar la exposición al tiempo que se escuchaban los coros de los *Maestros cantores* de Wagner.

Una vez más fue Troche el encargado de hacer los honores al Führer, quien en su discurso —ese día, al parecer, Hitler se encontraba especialmente brillante— afirmó, tocando la corona de los antiguos reyes del Sacro Imperio, que el pueblo alemán se había declarado «por-

---

* Arthur Seyss-Inquart fue el último canciller austríaco, antes de que se produjera la anexión de Austria a la Alemania nazi (*Anschluss*). Nombrado Comisario del Reich para los territorios ocupados en 1940, se convirtió en el jefe de la ocupación nazi de los Países Bajos hasta que concluyó la guerra, en 1945. Encontrado culpable de crímenes contra la Humanidad, fue condenado a muerte y ahorcado en Nuremberg en 1946.

Göering junto al líder Adolf Hitler en un mitin en Nüremberg, hacia 1928.

tador de una corona milenaria». En esa ocasión, Troche declaró que
Nuremberg era la ciudad alemana por excelencia, en la que se hacían
patentes los fuertes lazos existentes entre el pasado y el presente; y que
de la misma manera que siglos atrás el Imperio había escogido a esa
ciudad como guardiana de los símbolos e insignias imperiales, nuevamente en aquella fecha se retomaban los símbolos del nuevo Imperio,
del Tercer Reich.

Hitler se había esforzado por sensibilizar al pueblo alemán del tesoro
que se había logrado reunir en Nuremberg. Allí se encontraban las reli-
quias simbólicas que habrían de dar el mayor lustre al «Reich de los Mil
Años».

La megalomanía nazi nunca hubiera podido imaginar que su ciudad
emblemática habría de ser devastada por los bombardeos aliados de la
Segunda Guerra Mundial y que, posteriormente, sería la sede de los juicios en los que fueron condenados los jerarcas nazis.

2

Los interrogantes

Elser y el enigma del atentado de la cervecería

En los primeros días de noviembre de 1939, dos meses después de iniciada la guerra con la invasión alemana de Polonia, un amplio grupo de afiliados nazis se reunieron en una cervecería de Munich para festejar el decimosexto aniversario de aquel famoso *putsch* que había consagrado la figura de Adolf Hitler. Era una especie de celebración a la que, por mero protocolo, solían asistir los altos jerarcas del Partido, hubieran participado o no en el frustrado complot de 1923.

Hitler había asistido todos los años a esa reunión para confraternizar con sus más allegados. Sin embargo, y dada la actual circunstancia bélica, los asistentes no contaban con la presencia de su Führer, cuya atención debería estar puesta en asuntos mucho más graves. Se equivocaron. Poco antes de que diera inicio el festejo Hitler hizo su aparición y, como en años anteriores, pronunció su discurso de conmemoración. Pero en esta ocasión lo que iban a escuchar los asistentes los dejó fríos.

Era una creencia bastante extendida que la guerra recién comenzada no iba a prolongarse mucho tiempo. Había incluso quienes afirmaban que todo concluiría antes de las Navidades ya muy próximas. No es de extrañar pues que las palabras de Hitler cayeran sobre los asistentes como jarro de agua fría, al comunicarles que Alemania debería prepararse para una guerra larga que, como mínimo iba a durar cinco años. Fue un discurso poco animoso y curiosamente mucho más breve de lo habitual. Al terminar, y en contra de lo que acostumbraba en esa ocasión,

Hitler no se quedó a confraternizar con sus seguidores sino que abandonó el local seguido de su escolta.

Apenas había pasado un cuarto de hora desde su partida cuando explotó una bomba que, al parecer, había sido colocada justo detrás de la tribuna que había ocupado Hitler. A consecuencia de la explosión murieron varios de los asistentes y muchos otros resultaron heridos. El lugar de la reunión quedó prácticamente destrozado.

Tuvieron que pasar varias semanas para que toda Alemania se enterara de que la Gestapo había capturado al hombre que había puesto la bomba. Se trataba de un tal Georg Elser, un individuo que al parecer había sido pagado por los servicios secretos británicos. Esta afirmación que fue la que hizo propagar Himmler no convenció demasiado. Todavía estaba muy vivo en la mente de muchos el recuerdo del incendio del Reichstag, que en su día fuera atribuido a los comunistas, pero que nunca llegó a saberse quienes habían sido realmente los ejecutores. Incluso en cierta ocasión Goering se jactó de haber sido él quien fraguara la idea del incendio y quien diera la orden de llevarlo a cabo. Pero volvamos al atentado de la cervecería.

Se asegura que cuando Hitler fue informado del atentado exclamó alborozado que lo sucedido era una clara muestra de que la Providencia le protegía para que pudiera llevar a buen término sus proyectos. Unas palabras que aparentemente no tendrían mucho sentido en el supuesto caso de que hubiera sido informado previamente de lo que iba a pasar. Claro que, como es bien sabido, Hitler era un magnífico actor. De todas formas parece que en esa ocasión sus palabras pudieran ser sinceras.

De todos modos son muchos los interrogantes que surgen en esta ocasión. ¿A qué se debió la precipitada marcha de Hitler de la cervecería en esa ocasión, cuando era su costumbre quedarse a departir largo rato con sus seguidores más destacados?¿Por qué se dio tan poca publicidad al atentado, limitando la noticia al comentario de un solo periódico? ¿Se pretendía, acaso, incrementar con el atentado fallido el halo de «hombre elegido por el Destino» que, por entonces, ya rodeaba a la figura de Hitler?¿Era necesario culpar al espionaje británico de lo sucedido? Los interrogantes de este atentado son múltiples y no hay respuesta para ellos.

Sin embargo son varios los investigadores que en su momento dieron por buena la teoría de que fuera la propia Gestapo la que había organi-

zado el atentado. Hay hechos que lo confirman. El que se liberase a Elser, sin motivo alguno, del campo de concentración de Dachau en donde
cumplía condena, y se le permitiese moverse a sus anchas por Munich
carece aparentemente de sentido, si no se pretendía utilizarlo para algún
fin secreto.

Elser confesó en los interrogatorios a que fue sometido tras el atentado que había obrado por su propia voluntad, pero el hecho de que
hubiera sido drogado no avala decididamente su declaración. Por otro
lado no se conocían los intereses ni la ideología política que pudieran
impulsar a aquel hombre a llevar a cabo la empresa por su cuenta. Ciertamente tampoco se trataba de un fanático o de un iluminado.

Fuera como fuese, el atentado de la cervecería quedaría envuelto en
el misterio para siempre. Ninguno de los historiadores que investigaron
lo sucedido ha llegado a una conclusión convincente. Y de alguna forma
—¡lamentable consecuencia!— serviría también para que con el fallido
complot se incrementase la desquiciada teoría de que Hitler estaba protegido por una fuerza misteriosa. Algo de lo que no sólo el interesado
sino también un gran sector del pueblo alemán querían convencerse.

¿Un líder profético?

Conociera o ignorara Hitler el atentado que iba a tener lugar en la
cervecería de Munich, lo que no se puede dejar de lado es que, en alguna
medida, tenía cierta facilidad para intuir determinados acontecimientos
futuros. Se ha escrito mucho, tal vez demasiado, de su capacidad de precognición. Su temperamento neurótico, obsesivo e imprevisible no sería
un obstáculo para esa capacidad que podría calificarse hasta cierto punto de paranormal. Aquel muchacho descuidado y perezoso de sus primeros tiempos vieneses, en los que trataba de abrirse paso inútilmente en el
campo de la pintura, había dado paso con su militancia en la Primera
Guerra Mundial y, posteriormente, con su enfrascamiento en la política,
a un nuevo individuo poseedor de un indudable magnetismo que con el
tiempo lograría subyugar a toda una nación.

No obstante, el nivel de histerismo de que dio muestras en innumerables ocasiones le llevaba a un alto grado de comportamiento patológico
del que fueron testigos no pocos de los que le rodeaban. Tómese como
ejemplo el hecho de que en ciertos momentos de exagerada excitación
aquel caudillo indiscutible de la Alemania nazi, aquel exégeta de una supuesta raza superior, se arrojaba al suelo de forma histérica y hasta llega-

ba a morder con rabia las alfombras. Todo un espectáculo. El apodo que
le pusieron algunos de los testigos de tales arrebatos patológicos no deja
la menor duda sobre tal conducta enfermiza: «el devorador de alfombras», le llamaban. Pero retomemos su hipotética capacidad profética.

En su discurso del 19 de septiembre de 1939 en la ciudad de Danzig,
Hitler hizo algunas manifestaciones que dejaron boquiabiertos a sus
oyentes. Era su primera alocución en la que hacía una directa referencia
a la guerra recién iniciada. La fulgurante ocupación de Polonia, que
apenas había podido oponer resistencia al muy superior ejército nazi,
no presagiaba negros horizontes para Alemania. Ni Inglaterra ni Francia, pese a haber declarado la guerra a Alemania por haber llevado a
cabo aquella ocupación injustificable, se arriesgarían a un conflicto prolongado que, en cierta medida, no deseaban en absoluto. Todo parecía
indicar, pues, que la contienda no iba a durar mucho tiempo. Incluso
era muy probable que para las Navidades de ese mismo año todo hubiera acabado.

Por todo ello las palabras que Hitler pronunció en aquella ocasión
no pudieron dejar de sorprender a su auditorio. ¿Cómo era posible que
ante el estado actual del conflicto, plenamente satisfactorio para Alemania, el Führer pudiera vaticinar un futuro sombrío? Unas frases incom-
prensibles no cesaban de salir de su boca: «!No capitularemos jamás!
¡Jamás nos harán capitular!». Esas palabras, que se repetirían numerosas
veces a lo largo de sus intervenciones públicas durante toda la contienda,
no tenían cabida en aquel marco. ¿A qué se estaba refiriendo Hitler esos
momentos? Resultaba una advertencia completamente absurda, como
no fuera debida a que ya entonces veía con una antelación anómala el
desarrollo de lo que habría de ser aquella guerra recién iniciada.

Se ha escrito no poco sobre la posible capacidad de precognición de
Hitler. No cabe duda de que en muchos casos se exageraba, especialmente si ese tipo de comentarios partía de sus adláteres. Pero no es descartable afirmar que algo de verdad había en todo aquel asunto. La advertencia que hizo al público que le escuchaba en su discurso de la cervecería
de Munich, cuando barajó la posibilidad de que el conflicto durase cinco
años, también resulta muy sorprendente.

De lo que no hay duda es de que Adolf Hitler poseía una notable
capacidad de sugestión, no sólo sobre las masas enfervorizadas que escuchaban sus discursos casi en estado de trance, sino también sobre mu-

El 1 de septiembre de 1939 el ejército alemán invadió Polonia
por varios puntos del oeste. El 17 de ese mismo mes tropas soviéticas
atacaban por el este. Polonia fue rápidamente derrotada.

chos de sus ministros y colaboradores. El caso de Göering es un ejemplo destacado. Pese al carácter vanidoso y egocéntrico del Mariscal del Reich, no tenía empacho en decir que en muchas ocasiones se acercaba al Führer con la intención de exponerle algún problema, pero que cuando se hallaba ante él se quedaba sin palabras y se dejaba subyugar por lo que Hitler le decía. «Entonces carecía yo de argumentos para rebatir sus palabras», afirmaba el pomposo mariscal. Algo muy similar explicaba el almirante Dönitz ante sus jueces de Nuremberg, al referirse a sus encuentros con Hitler: «Trataba de reducir aquellas entrevistas al máximo, pues sabía que habría de convencerme de sus intenciones, que muchas veces discrepaban de las mías. Notaba su influencia apremiante y su poderoso influjo sugestivo».

De este magnetismo innegable que emanaba de la figura de Hitler pocos de sus colaboradores lograban liberarse. Aquel hombre, cuya figura nada tenía de imponente, era capaz de trastocar las intenciones más firmes de sus generales. Tal vez Albert Speer, su arquitecto preferido, ministro de Armamento y hombre de su entera confianza, fuera el único que supiera contrarrestar el influjo magnético del jefe. Aún así no tenía

empacho en afirmar que trataba de reducir en lo posible la duración de
las entrevistas que mantenía con Hitler porque, según confesaba, la compañía prolongada de aquel hombre le dejaba «sin fuerzas y como vacío».

William L.Shirer, periodista, historiador y corresponsal de guerra
americano, autor de *Rise and Fall of the Third Reich, (Auge y caída del
Tercer Reich)* menciona en su obra la extraña intuición de que hacía gala
Hitler al saber calcular de forma muy acertada los puntos débiles de la
audiencia que le estaba escuchando, y cómo sabía escoger las palabras
que habían de hacer mella en su auditorio. Su opinión es muy digna de
ser tenida en cuenta puesto que durante bastantes años fue testigo del
ascenso del nazismo y del fascismo en Europa. Al hablar de Hitler asegura que sus discursos tenían tal fuerza magnética que eran como una
especie de lavado de cerebro de sus oyentes.

Otto Strasser, al que no se puede considerar en modo alguno admirador de Hitler a cuyo partido atacó en diversas ocasiones —y cuyo hermano fue asesinado durante la llamada «Noche de los Cuchillos largos»— admitía también esa singular característica de Hitler, que parecía
conocer a la perfección la manera de sacudir emocionalmente a quienes
le escuchaban.

Son muchos los estudiosos y conocedores directos de la figura de Hitler que hacen resaltar ese cierto magnetismo y poder hipnótico de que
daba muestras, especialmente cuando estaba en público. Aquel hombre
que, como ya se ha dicho, carecía de una presencia que pudiera impresionar a sus interlocutores, era, sin embargo, capaz de trastocar la mente de
quienes le escuchaban para hacerlos converger en sus propósitos.

Afirman los que lo trataron que toda la fuerza de aquel hombre radicaba en la intensidad de su mirada, capaz de seducir y convencer al que
tuviera delante. ¿Conocía Hitler los mecanismos necesarios para lograr
un estado de semi hipnotismo en su auditorio? Mucho se ha escrito sobre
ello e, inevitablemente, habremos de referirnos también nosotros a ese
extraño poder, aunque sea de modo sucinto. Lo cierto es que su capacidad de persuasión, incluso en los momentos más dramáticos y con los
personajes que mostraban criterios dispares a los suyos, era innegable.

Que Hitler poseía, además, una particular capacidad de prever, o intuir, hechos futuros es algo que puede confirmarse si se analizan detenidamente los acontecimientos históricos que rodean su figura. No es, pues,
de extrañar que esta personalidad sugestiva hiciese profunda mella inclu-

so en sus más distinguidos colaboradores. Por lo demás parece ser que su mirada tenía un poder especial. El ya mencionado Shirer confesó que si bien la impresión personal que le causó Hitler cuando lo entrevistó por primera vez fue, en general, más bien mediocre, no podía olvidar la fuerza de su mirada. Una mirada que le había causado un profundo efecto.

Abundando en esta característica personal de Hitler, el historiador británico Allan Bullock, quien en un principio lo consideró como un mero charlatán político con pretensiones, se vio obligado a cambiar de opinión a medida que fue pasando el tiempo y estudió más prolijamente su figura. En una biografía afirma que el magnetismo de Hitler estaba íntimamente relacionado con el curioso poder de su mirada, que para muchos tenía una indudable cualidad hipnótica.

Hitler y la precognición

Al hacer referencia a las particularidades de la personalidad de Adolf Hitler no se puede evitar una referencia a la posible capacidad psíquica que se entiende por precognición.

Recordemos que se denomina precognición o premonición la supuesta capacidad que tienen ciertos individuos para conocer determinados hechos con anterioridad a su acontecimiento, y siempre que no puedan ser deducidos a partir de una determinada información. Por lo general se suele asociar la precognición a determinadas capacidades paranormales. Algunos científicos que aceptan el hecho de la precognición afirman que en aquellas personas que manifiestan esta capacidad no la experimentan asociada a un proceso volitivo ya que se manifiesta de manera inesperada y espontánea. Sin embargo, este fenómeno se ve rechazado actualmente por la mayoría de la comunidad científica.

Aquellos que, por el contrario, aceptan la realidad de este fenómeno lo consideran como algo que supera los sentidos y que, de algún modo, encontraría su origen en ciertas fuerzas sobrenaturales de muy distinto signo.

Ciertamente la biografía de Hitler se ha analizado hasta la saciedad, pero no siempre se ha tenido en cuenta esa particularidad psicológica —algunos la llamarían «don»— de que hizo gala en repetidas ocasiones. Resulta curioso observar, sin embargo, que gran número de sus decisiones políticas más importantes —particularmente las tomadas en la década de los años treinta y cuarenta —se hallan profundamente enraizadas en esta discutible capacidad suya.

Muchos de los biógrafos de Hitler, incluso aquellos que se muestran más hostiles a su figura, no dejan de citar una serie de características encomiásticas de su temperamento —sus nervios de acero, su genio táctico o su considerable conocimiento de la psicología humana, por ejemplo —que se diría están de algún modo relacionadas con esa capacidad visionaria de la que estamos hablando. Evidentemente, esa mencionada capacidad deja mucho que desear si se estudia con detenimiento, pues sus errores tácticos fueron causa de su definitiva derrota, y su conocimiento de la psicología humana mostró considerables lagunas en muchas ocasiones. Pero volvamos al tema que nos ocupa.

Recordemos que el ascenso al poder del futuro *Führer* de Alemania tuvo lugar en 1933, un año en el que ese poder no estaba asentado sobre bases muy sólidas. Curiosamente, una vez que Hitler es nombrado canciller inicia una política de rearme que, siendo totalmente contraria al Tratado de Versalles, parece que es ignorada por las potencias vencedoras. Incluso, y de forma inexplicable, se permitió a Alemania hacer uso de su armamento. ¿Conocía Hitler de antemano la postura pasiva que habrían de adoptar sus futuros enemigos? Nada, aparentemente, lo vaticinaba. Sus consejeros políticos eran de la opinión de que el riesgo que se estaba corriendo con el rearme era muy grande. Por otro lado la situación política era demasiado delicada para enzarzarse en desaforados gastos militares.

Pese a todos estos elementos en contra, Hitler siguió con su táctica de rearme en la creencia de que los aliados no iban a emprender ninguna acción disuasoria. Por si esto fuera poco, en Alemania los economistas del régimen no eran partidarios de un excesivo gasto militar, totalmente desacertado dada la situación económica en que se encontraba el país. Hitler también los desoyó, aduciendo que el rearme fortalecería la economía del país lejos de perjudicarla. En uno y otro caso acertó plenamente. Uno puede preguntarse en dónde radicaba esa seguridad y el acierto de tales vaticinios, teniendo en cuenta que no era un político avezado y que las bases en las que apoyaba su criterio eran muy endebles.

Es indiscutible que el rearme que Hitler estaba fomentando en Alemania, dieciséis años después de haber sido derrotada en la Primera

Guerra Mundial, era algo bien conocido de las potencias vencedoras. ¿Qué sucedió entonces para que no se tomasen las medidas necesarias para impedirlo?

Hubo que esperar hasta el mes de marzo de 1935 para que surgiese por parte de Gran Bretaña una nota oficial en la que ésta mostraba su disgusto por el desarrollo militar que estaba teniendo lugar en Alemania y, muy especialmente, por el incremento de su potencial aéreo, la famosa Luftwaffe, que se estaba haciendo más poderosa día a día. Ante la reacción británica los altos mandos militares alemanes se sintieron muy preocupados. Hitler, por el contrario, no se inquietó por las quejas y amenazas de los aliados y siguió adelante con sus planes.

En ese mismo año Hitler tomó una decisión muy arriesgada. De forma unilateral eliminó los apartados militares que se habían firmado en el Tratado de Versalles, e inició una política que tenía claros indicios de previsión belicista. Instauró el alistamiento y continuó el proceso de rearme.

Ante esta situación claramente beligerante por parte de Alemania, los aliados no se decidieron a tomar unas medidas que más que oportunas resultaban imprescindibles. Es muy posible que los franceses, que en esa época constituían la primera potencia militar de Europa, estuvieran decididos a tomar cartas en el asunto, pero Inglaterra no acababa de decidirse. Si entonces hubiera tenido lugar una guerra preventiva, el problema hubiera quedado zanjado. Pero los aliados dudaron y no tomaron medida alguna. Y esto era justamente lo que Hitler había previsto que harían.

Apenas un año después, en 1936, el ejército alemán, ya muy reforzado por entonces, marchó sobre la zona de Renania y la ocupó. La decisión de Hitler puso muy nerviosos a sus generales, pero él no pareció inmutarse. Sabía que no se dispararía un tiro. Y así sucedió.

¿Una cierta percepción extrasensorial?

Confiado en su buena estrella —aunque él consideraba las cosas desde un punto de vista más esotérico —Hitler siguió su cadena de anexiones. Algo le decía en su interior que podía continuar con sus pretensiones territoriales sin que surgieran problemas con las potencias aliadas.

En la primavera de 1938 —tras intervenir indirectamente en la guerra civil que tenía lugar en España, con su ayuda al ejército rebelde del

En octubre de 1938 los alemanes ocuparon la región de los Sudetes,
expulsando de ella a la mayoría de la población checa.

general Franco —Hitler inicia su campaña política contra Checoslovaquia que habría de culminar en octubre de 1938 con la anexión de la
región checa conocida como los Sudetes.

Se suele emplear el término Sudetes —en alemán *sudeten* —para designar también la minoría étnica de antigua tradición germana que po-
blaba la región checa de Moravia y, más concretamente, la zona de Bohemia que lindaba con la Silesia alemana. Cinco años antes, en 1933, se
había creado allí un partido político proalemán que pretendía adherir
toda la región al Tercer Reich.

Hitler, que en el mes de marzo de 1938, había culminado la anexión
de Austria a la Alemania nazi —el famoso *Anschluss*— se erige en claro
defensor de la facción nazi que desea la formación de un estado federal
en la zona, una pretensión rechazada absolutamente por el gobierno
central checo. Tras una serie de negociaciones fallidas entre Checoslovaquia y las potencias aliadas de Inglaterra y Francia, que no se deciden a
intervenir en el conflicto, Hitler realiza la ocupación de Bohemia y Moravia en 1939 y, poco después, de toda Checoslovaquia sin que Inglaterra
ni Francia se decidan a tomar cartas en el asunto. Una vez más Hitler
parecía saber de antemano que no iba a tener problemas. Su extraña
percepción de los acontecimientos así se lo decía. De hecho sus aciertos
habían sido totales, sin que hubiera ningún fallo en su percepción personal de cuál sería el comportamiento de las potencias internacionales.

Por lo general, los individuos que poseen capacidad precognitiva
suelen recibir una visión incompleta de los acontecimientos que tendrán
lugar en un futuro más o menos inmediato. Normalmente son destellos,
«flashes» aislados, sin que exista una percepción detallada de lo que ha
de suceder. A veces esta información se produce en sueños o visiones
más o menos precisas. En el caso de Hitler es muy posible que, durante
los años que precedieron a la Segunda Guerra Mundial, hubiera concen-
trado esa capacidad precognitiva en encontrar una respuesta a la pregunta clave de cuál sería la reacción de las grandes potencias ante su afán
expansionista. Y la respuesta que obtuvo fue muy clara: ni Francia ni
Gran Bretaña iban a intervenir drásticamente en el asunto. En gran medida su percepción visionaria se cumplió en lo tocante a la anexión de
Austria y la región de los sudetes.

Se puede constatar, por tanto, que Hitler tenía una extraña capacidad perceptiva y una especie de dominio instintivo para saber y actuar

tomando decisiones que le resultarían beneficiosas. Por lo demás, esas intenciones se mostraron muy claras desde el principio de su andadura política. Ya en su obra *Mi lucha* aparecían de forma casi meridiana sus pretensiones. Unas pretensiones cuyas consecuencias hubieran podido calibrar acertadamente los gobernantes de Inglaterra y Francia si se hubieran parado a examinar aquel libro con un mínimo de atención. Porque el hecho es que Hitler, ya fuera llevado por su megalomanía o por su capacidad precognitiva, dejó bien claro desde el principio cuáles eran sus planes de expansión territorial. El Tercer Reich no iba a limitar sus dominios a lo que se entendía ampulosamente como la Gran Alemania sino que habría de expandirse por toda Europa, y más allá de sus fronteras si cabe.

Al analizar con un mínimo detenimiento los discursos de Hitler, es fácil encontrar en ellos indicios que nos hablan de esa extraña capacidad de precognición. Recordemos nuevamente su alocución en la cervecería de Munich en la que anunció la posibilidad de una guerra que duraría cinco años. Su profecía no pudo resultar más exacta.

Esta capacidad de vaticinio de la que dio muestras el nuevo Jefe de Alemania en repetidas ocasiones, muy poco frecuente por lo demás en políticos de mentalidad racionalista, tenía bastante que ver con el magnetismo personal que emanaba de su persona. El ya mencionado historiador británico Alan Bullock comenta en sus memorias que esa capacidad magnética de Hitler estaba directamente relacionada con el sorprendente poder de su mirada. Una mirada que tenía auténtico poder para cautivar a su audiencia. Y Bullock no se para en barras cuando afirma: «Se trataba de un poder muy parecido al que manifiestan ciertos curanderos primitivos. Otros lo han comparado con el magnetismo propio de un hipnotizador».

Fuera como fuese, la capacidad persuasoria de que Hitler dio pruebas en numerosas ocasiones, especialmente en sus famosas arengas y discursos en los que parecía verse poseído por una fuerza paranormal, ofrece curiosas anécdotas como la que le sucedió a una persona inglesa que en cierta ocasión asistió a una de sus arengas. Sin saber una palabra de alemán, y siendo un buen patriota inglés, este espectador se encontró trastornado por las palabras y los gestos de la oratoria hitleriana hasta el punto de que, incapaz de contenerse, se encontró inexplicablemente gritando *Heil Hitler* y haciendo el saludo nazi como toda la concurrencia.

Hitler tenía la capacidad de «encender» a las masas con su oratoria, destacando su habilidad para influir en las emociones de los individuos.

Cabe preguntarse si Hitler tenía el poder sugestivo de un hipnotizador, como insinúan algunos de sus biógrafos. Por lo que se sabe, durante su atrabiliaria juventud había leído libros sobre hipnotismo, y es posible que llegara a poseer un cierto conocimiento del tema. Pero resulta evidente que el hipnotismo, al que durante mucho tiempo se conoció como poder de fascinación, era algo que estaba muy alejado del efecto que producían sus palabras en quienes le oían, especialmente durante sus discursos. Es imprescindible que para conseguir el efecto que se persigue, el hipnotizador induzca un estado de relajamiento en la persona que está siendo hipnotizada. Por el contrario, tanto la gesticulación como la verborrea hitleriana, producían en su auditorio un estado de alteración y excitación, manifestaciones totalmente opuestas al relajamiento. No obstante, es necesario reconocer que, fuera como fuese, los resultados que Hitler conseguía en su auditorio resultaban sorprendentes las más de las veces.

Un curioso paralelismo

Al examinar esta capacidad de influencia que en tantas ocasiones demostró tener Hitler sobre quienes le escuchaban nos viene a la mente un personaje cuya trayectoria discurrió a partes iguales entre la ciencia ortodoxa
y los movimientos de índole ocultista, y cuya biografía muestra similitudes con la del Führer alemán. Nos estamos refiriendo a Antón Mesmer.

Mesmer, al igual que Hitler, era austriaco y también había nacido en
una pequeña localidad fronteriza —en este caso, en la región de Suabia— ciento cincuenta años, aproximadamente, antes que Hitler. Es muy
probable que éste, en sus irregulares pero intensas lecturas de juventud,
se hubiese impregnado de las teorías de su compatriota.

Después de estudiar Medicina en la Universidad de Viena, Mesmer
publicó un opúsculo sobre la influencia que tanto la Luna como otros
planetas de nuestro sistema solar tienen sobre el cuerpo humano, (digamos de pasada que sabida es la afición que Hitler mostró siempre por los
temas astrológicos).

Tras el revuelo causado por su rotundo fracaso al tratar de curar a
una joven ciega, Mesmer se vio obligado a abandonar Viena y marchar
a París. Tras abrir consulta en la capital francesa logró reunir en poco
tiempo una amplia clientela. El mesmerismo, o teoría sobre el influjo y
tratamiento del magnetismo animal, gozó de notable predicamento durante algún tiempo, llamando incluso la atención del rey Luis XVI que
llegó a designar una comisión científica para que estudiase las teorías
mesmerianas. Las conclusiones de esta comisión no debieron resultar
muy positivas para Mesmer que, de nuevo, se vio obligado a abandonar
París. De los últimos años de su vida, en los que vivió en distintos lugares, poco más que esto se sabe.

La técnica que utilizaba Mesmer para sus curaciones era el empleo
adecuado de un tipo de energía que posee todo ser humano y que, convenientemente aplicada, puede realizar aparentes «milagros». En Oriente,
particularmente en la India, se denomina *prana* este tipo de energía. No
es descartable que Hitler conociera en cierto grado esta técnica y la utilizara para manipular personas y auditorios. No hay que olvidar que tanto
Mesmer como Hitler se interesaron profundamente por el ocultismo
—además de la atracción que sentían por la astrología— y ambos fueron
maestros consumados en el arte de la teatralidad.

Resulta muy interesante revisar ciertas particularidades del carácter y comportamiento de estos dos personajes. No pocos de los políticos y militares que tenían trato o visitaban a Hitler afirmaban haber pasado en su presencia por estados de notable nerviosismo acompañado, muchas veces, por sensaciones corporales poco agradables. Por lo que a Mesmer se refiere era frecuente que sus pacientes abandonaran su clínica en un estado de postración, de cansancio e inseguridad. Como decimos, en el caso de Hitler se dieron con frecuencia estos mismos efectos en sus interlocutores. El mismo Albert Speer, persona muy allegada al Führer, reconocía que en muchas ocasiones tras haber departido con él durante un buen rato abandonaba su compañía en un estado de ánimo muy alterado.

Hemos de recordar asimismo que el lugar de nacimiento de Hitler fue cuna de famosos médiums —como los hermanos Schneider—, y que durante algunos meses de su más tierna infancia compartió la misma nodriza que ellos, según afirman autores que se preocuparon de conocer los aspectos más esotéricos de su figura. Una figura que como le sucedía a Mesmer podía alterar el ánimo de quienes recurrían a él en momentos de incertidumbre.

Poco tiempo después de comenzar la guerra el historiador americano William L. Shirer, mencionado en páginas anteriores, escribió: «Actualmente y para muchos de sus compatriotas Hitler ha llegado a alcanzar un prestigio que ningún otro estadista alemán consiguió antes de él... Se ha convertido en un mito, en un superhéroe, en una especie de semidiós. Para un buen número de alemanes es un ser que supera todo lo humano».

¿Gracias a qué misteriosos poderes había alcanzado aquel hombre que —al igual que Mesmer —mostraba un físico irrelevante y un aspecto más bien cetrino, semejante poder sobre las masas? La pregunta obtiene las más variadas respuestas según sea el biógrafo que las ofrezca. Pero lo cierto es que la atracción que Hitler ejercía sobre las masas que le miraban como a un nuevo Mesías, no era simplemente un fenómeno de histeria colectiva. Lo mismo sucedía en muchas ocasiones a nivel personal porque, como ya se ha dicho, la influencia persuasoria que ejerció sobre figuras como Dönitz, Speer o el mismo Göering no dejaba lugar a dudas. Y esta capacidad de convencimiento no se limitó a los buenos tiempos del nazismo, cuando sus previsiones parecían cumplirse sin fisuras, sino incluso al final de la contienda cuando ya era inminente la derrota del Reich. Los generales acudían con ánimo contrito a exponerle la dramática situación de los frentes bélicos y salían de la audiencia mantenida con «el Jefe» animosos y confiados.

Al igual que sucedía con los pacientes de Mesmer, que parecían haber vivido una transformación tras una sesión con él, los acólitos de Hitler experimentaban un cambio súbito después de haberle visto y oído. El ya citado Albert Speer reconocía atónito que si bien él había logrado sustraerse a ese magnetismo «mesmeriano», «...Todos quedaban sometidos a su voluntad (la de Hitler) y actuaban con una obediencia absoluta, sin mostrar el menor control sobre sus voluntades». Y esta capacidad de sugestión y de magnetismo le acompañó hasta prácticamente los últimos tiempos.

¿Percibía Hitler los puntos débiles de quienes estaban a su lado, y sabía influir sobre esas personas para hacer prevalecer su criterio? Es muy posible. Porque lo cierto es que, como dijo Shirer, tras escuchar una de las muchas arengas que tuvieron lugar en Nuremberg, «las mágicas palabras del austriaco parecían lavar el cerebro de las personas que le escuchaban». El efecto conseguido era el que el gran Jefe deseaba.

Influencias perniciosas

Si se hace un breve repaso de la rutina diaria de Adolf Hitler durante los últimos años de su vida, es decir, en los años postreros de la guerra, se ve claramente que era un elemento proclive a las actividades nocturnas, ya que raramente se levantaba antes del mediodía, y se acostaba cuando la madrugada se hallaba bien avanzada. En pocas palabras, era el clásico noctámbulo cuya energía vital se veía estimulada por la noche.

Al parecer, en esa etapa de su vida le bastaban muy pocas horas de sueño, tres o cuatro como mucho. Tal vez esta preferencia por trabajar y departir con sus colaboradores y allegados en el transcurso de la noche tuviera no poco que ver con su carácter misántropo y retraído. Es posible. También podría aducirse que su atracción por lo oculto, por lo mágico y lo esotérico —sin excluir en ciertas ocasiones lo diabólico— de la que siempre dio claras muestras, se veía incrementada en el transcurso de esas horas de mayor quietud y aislamiento. Algunas de sus aficiones más secretas requerían, muy probablemente, ese marco adecuado de la nocturnidad. De todas formas conviene no descuidar la cautela a la hora de referirse a esos aspectos más místéricos de la personalidad de Hitler. Tratemos de analizar seguidamente algunos de esos aspectos.

El ya mencionado historiador William Lawrence Shirer, en su extensa obra *Auge y caída del III Reich,* menciona el hecho de que fue Rudolf Hess —a quien, inevitablemente, habremos de referirnos en su momento— quien estimuló en Hitler el interés por la figura de Haushofer, mucho antes de que aquél llegara al poder. Pero ¿quién era ese tal Haushofer?

Karl Ernst Haushofer (1869-1946) político, militar y geógrafo alemán fue el promotor de la teoría del *Lebensraum* o «espacio vital» que preconizaba la necesidad que tiene toda nación de poseer el suficiente espacio para que su población pueda desarrollarse cómodamente; una teoría de la que se sirvieron los nazis para sus planes expansionistas. Haushofer llegó a ocupar la cátedra de geopolítica en la Universidad de Munich (al igual que Hitler, Haushofer también era bávaro) y alcanzó el grado de general durante la Primera Guerra Mundial. Pero, sobre todo, Haushofer era un profundo conocedor de teorías y prácticas ocultistas —se llegó a afirmar que era un mago muy competente— y miembro de la famosa Sociedad Vril, además de constituir un elemento importante dentro del Grupo Thule, extrañas asociaciones ambas de índole esotérico-política a las que tendremos que referirnos más adelante.

El que andando el tiempo sería lugarteniente de Hitler, Rudolf Hess, buen amigo y admirador de Haushofer, inició a Hitler en las teorías de aquél en la década de los años 20, cuando el futuro Führer ya soñaba con hacer de Alemania una potencia mundial. Haushofer había tomado parte en la Primera Guerra Mundial llegando a alcanzar el grado de general. Poco después, sin embargo, renunciaría a su brillante carrera militar para dedicarse por entero a sus particulares estudios sobre geografía política y, sobre todo, a sus inclinaciones más secretas dentro del universo del ocultismo.

En abierta paradoja a su ideología netamente racista Haushofer estaba casado con una mujer de familia hebrea, circunstancia que habría de causarle no pocos problemas durante la etapa nazi. Por fortuna para él su amistad con Rudolf Hess le sería en este caso de gran ayuda. Téngase presente que en 1919 Haushofer y otros dirigentes habían fundado el partido nazi; es decir, el Partido Nacionalista de los Trabajadores Alemanes, al que posteriormente pertenecería Hitler.

Pese a su militancia, a sus abundantes publicaciones de profunda índole ultranacionalista y a su puesto como presidente de la Academia Alemana, institución de notable prestigio durante el periodo nazi, Haushofer cayó en desgracia a partir de 1938. La extraña huida a Inglaterra en 1941 de Rudolf Hess, su protector durante muchos años, y su acusación de haber tomado parte en el complot contra Hitler llevado a cabo por el coronel Von Staunffenberg, en 1944, constituyeron la gota que colmó el vaso de su ruina. Encarcelado con toda su familia en Dachau vivió la desgracia de la ejecución de uno de sus hijos, diplomático destacado.

Una vez terminada la guerra Haushofer fue juzgado en Nuremberg, si bien no fue encontrado culpable por los aliados que lo pusieron en libertad poco después de su detención. Desposeído, no obstante, de todos sus cargos y víctima de una situación económica sumamente precaria, el que en su día había sido uno de los principales teóricos del «espacio vital» se suicidó ritualmente en 1946 ayudado, según se cree, por su propia esposa.

No es modo alguno descartable afirmar la influencia que Haushofer pudo tener sobre Hitler, especialmente en el plano del ocultismo. De lo que tampoco hay duda es de que su teoría del llamado «espacio vital», que establecía la importancia que tenía para todo país una adecuada relación entre espacio y población sirvió para fundamentar las ansias expansionistas y racistas de Adolf Hitler.

No se sabe mucho de la forma en la que Haushofer supo conciliar adecuadamente sus extrañas exploraciones, sus enseñanzas claramente racistas y su denodado interés por las disciplinas iniciáticas. En su puesto de agregado militar en la embajada alemana en Japón, Haushofer visitó repetidas veces el Tíbet. Allí, en 1905 tuvo varias reuniones con un misterioso personaje que habría de constituir su más importante maestro espiritual. Se trataba de un ruso que se había hecho lama y que, posteriormente, cuando hubo regresado a Europa revolucionó con sus técnicas destacados sectores de la intelectualidad europea. Su nombre: Georges Ivanovitch Gourdjieff.

Afirma Serge Hutin en su obra *Les gouvernants invisibles* que, en el transcurso de sus misteriosos viajes, Haushofer tuvo asimismo la ocasión de contactar con otros instructores ocultos, e igualmente misteriosos, que estaban al tanto de los secretos para dominar el llamado «estado de despertar» con todos los poderes mágicos que eso conlleva. Se ha dicho también que el famoso escritor esotérico italiano Julius Evola, fundador del grupo Ur, había ejercido una notable influencia tanto sobre Haushofer como, indirectamente sobre Hitler y Mussolini.

Otra figura que no se puede olvidar al hacer referencia a las variadas tendencias expansionistas y milenaristas —de corte indiscutiblemente ocultista— que estuvieron muy presentes en la ideología nazi es la de Paul Rohrbach, claro mentor de la curiosa teoría del «imperialismo ético», tan apreciada por Hitler y al que éste envió en secretas misiones por todo el mundo.

Digamos también al referirnos a Karl Haushofer que éste, junto con otros dirigentes de ideología ultra nacionalista alemana, había fundado en 1919 el grupo *Thule*, una sociedad secreta a la que posteriormente se adhirieron Hitler y Goebbels, y a la que inevitablemente tendremos que remitirnos en estas páginas.

El poeta alcohólico

Al hablar de Haushofer no es posible evitar la figura de uno de sus amigos más íntimos e influyentes: Dietrich Eckart. Con mucha frecuencia, y sin duda con abundantes razones, se ha considerado a Eckart como el fundador espiritual del nacionalismo.

Johan Dietrich Eckart nació en una pequeña población del Alto Palatinado en 1868. Miembro de una familia media acomodada, Eckart empezó a cursar estudios de Medicina que no tardó en abandonar para dedicarse al periodismo y en menor escala a la creación literaria, especialmente a la poesía.

En 1899, con poco más de treinta años, y una vez agotada la herencia familiar que le había tocado en suerte, se trasladó a Berlín en donde dio inicio su carrera como escritor. Tras la publicación de algunas obras literarias de poca monta y un trabajo más

El año 1919 se fundó en Alemania la Sociedad de Thule. Su nombre fue elegido en recuerdo del legendario, y para ellos existente, reino de Thule, la legendaria Atlantis.

importante de adaptación de la obra de Ibsen *Peer Gynt*, cuyos derechos
literarios le resolverían en buena medida su situación económica, Eckart
decidió mudar su residencia a Munich en 1919. En esa ciudad, cuna de
nacionalismos desaforados, entró en contacto con la Sociedad Thule y
trabajó como periodista en distintas publicaciones de extrema derecha
que mostraban claramente su ideología a todas luces antisemita.

En una de sus intervenciones de 1919 como orador del Partido Obrero Alemán al que pertenecía Eckart conoció a Hitler, e inmediatamente
ambas figuras, el maduro escritor ultranacionalista ya fuertemente dominado por sus tendencias alcohólicas, y el joven idealista que prometía ser
un buen orador y manifestaba idénticas tendencias políticas, establecen
una cálida amistad. A partir de ese momento, Eckart influenciará en la
mentalidad de Hitler, convirtiéndose en una especie de mentor político.
Esa asesoría (no se olvide que para distintos estudiosos Eckart fue, como
ya se ha dicho, el fundador espiritual del nacionalsocialismo) durará casi
tres años.

Mucho fue lo que Hitler le debió a este curioso personaje que supo
introducir al futuro Führer de Alemania en los círculos burgueses más
selectos de Berlín y de Baviera; unos círculos que se prestaron, en los
primeros años del nazismo, a financiar al partido insurgente. No es de
extrañar, pues, que un Hitler agradecido hiciese una referencia a Dietrich
Eckart en *Mein Kampf*, en la que le considera un hombre de alta calidad
humana que se dedicó como pocos al resurgimiento del alma nacionalista
alemana.

En 1923 Dietrich Eckart falleció víctima del alcoholismo consuetu-
dinario que le acompañó durante tantos años. Algunos autores bien in-
formados han señalado que fue él quien adoctrinó e introdujo a Hitler en
el ámbito y los conocimientos del ocultismo. Por lo demás son bien conocidas las palabras que, según alguno de esos autores, pronunció Eckart poco antes de morir: «Seguid a Hitler. Le veréis bailar, pero debéis
saber que he sido yo quien ha compuesto la música. Le hemos propor-
cionado los medios para comunicarse con "ellos". No lloréis por mi
muerte, porque mi influencia sobre la Historia será más importante que
la que haya podido ejercer cualquier otro alemán». Palabras que encie-
rran una incógnita llamativa: ¿a quiénes se refiere Eckart con el término
«ellos»? Evidentemente se pueden hacer no pocas especulaciones al respecto, y una podría ser la conexión con los llamados «Maestros invisi-

bles» a los que se refieren tantos ocultistas. Al parecer, estos Maestros no son seres de carne y hueso, sino entes que se mueven en planos incorpóreos y que, de alguna manera, dirigen los destinos de la Humanidad.

Por muchas razones la influencia que tanto Haushofer como Eckart tuvieron sobre Hitler fue notable. Ellos fueron, sin duda, los que introdujeron a ese joven político austriaco lleno de ambiciones a los círculos esotéricos de corte ultranacionalista, cuyos postulados habrían de estar presentes —más o menos deformados— en la ideología más secreta de las aspiraciones del nazismo.

Un enigma histórico: Rudolf Hess

Como ya queda dicho fue Rudolf Hess el responsable de poner en contacto a Hitler con Haushofer y con Eckart, pero la complejidad de aquel personaje merece que la analicemos con cierto detenimiento. Porque se ha dicho, con no poca razón, que entre los acontecimientos históricos sucedidos en el pasado siglo que han hecho correr ríos de tinta el *affaire* Hess, es decir, su vuelo a Escocia ocupa un lugar destacado.

Rudolf Walter Hess nació en 1894 en Alejandría (Egipto) en el seno de una familia acomodada, hijo de padre bávaro y madre suiza. Desde su infancia Hess manifestó un carácter retraído y solitario, muy amigo de lecturas y ensoñaciones y marcado siempre por la rigidez de su padre. Tras pasar en Egipto los primeros catorce años de su existencia, y siguiendo la trayectoria y las directrices paternas, estudió Economía y Ciencias Políticas con el fin de ocuparse de los negocios familiares. Pero los intereses del joven Hess se inclinaban más hacia las matemáticas que hacia el comercio.

Nada tiene de extraño, pues, que de acuerdo con su espíritu soñador el estallido de la Primera Guerra Mundial animase a un joven Hess de dieciocho años a alistarse voluntario en el ejército, en el que llegó a alcanzar el grado de teniente. Durante la contienda resultó gravemente herido en varias ocasiones, concediéndosele a los veintidós años la Cruz de Hierro por su valiente comportamiento en el frente. Posteriormente, en marzo de 1918, se alistó en una escuadrilla de aviación en la que no tomará parte activa hasta el mes de octubre de ese mismo año, cuando ya faltaba muy poco para que se firmase el Armisticio.

Tras la guerra Hess, ya en Munich, se decantó por la política manifestando siempre una clara postura anti bolchevique y antisemita. Estudia en la universidad de Munich Economía y, rápidamente, se convierte en un fervoroso discípulo del general Haushofer. Animado por sus sueños idealistas se afilia a una de las asociaciones políticas que surgen por entonces en el país y, de este modo, conoce al poeta Dietrich Eckart, del que ya hemos hablado, y a otro personaje que estará vinculado a su vida en estos momentos: el capitán Röhm. El joven Hess quiere participar de forma activa en los movimientos políticos del momento, y queda subyugado por la oratoria incendiaria de un supuesto revolucionario: Adolf Hitler.

En 1920, con poco más de veintiséis años, se convierte en el decimosexto miembro del NSDAP. Corre el mes de junio de 1920 y Rudolf Hess está dispuesto a restablecer la grandeza ultrajada de Alemania, siempre al lado de su ídolo nacionalista.

Tras su intervención en el fracasado *Putsch de Munich*, de 1923, huye a Austria en donde, sin embargo, no permanece mucho tiempo porque desea convertirse en un mártir de la causa. Regresa a Alemania y acepta la pena de prisión a que ha sido condenado. Encarcelado en la misma celda que Haushofer y Hitler se dispone a colaborar con este último en la redacción de la obra *Mein Kampf.*

Con poco más de treinta años Hess se convirtió en el secretario político de Hitler, y en 1933 fue designado presidente del Comité Central nazi. Ese mismo año fue elegido parlamentario del Reichstag. La carrera política de Hess estaba obteniendo claros resultados.

Cuando Hitler tomó el poder, Hess adquirió una gran relevancia dentro del Partido ocupando casi todas las carteras ministeriales, y convirtiéndose en la segunda figura más importante dentro de él. Sin embargo, conviene resaltar que nunca manifestó ansias políticas. Como se ha dicho en muchas ocasiones, era el hombre que presentaba la cara amable del régimen y que sabía organizar eventos culturales y deportivos como los Juegos Olímpicos de Berlín de 1936.

En 1941, casi dos años después de iniciada la Segunda Guerra Mundial, Hess toma una decisión que va a costarle muy cara. Convencido de que Alemania no podía mantener dos frentes bélicos al mismo tiempo, se hace con uno de los modelos más modernos de avión Messerschmitt, que él mismo ha preparado para la ocasión, y vuela sin que nadie esté al tanto de su propósito hacia Inglaterra.

Las críticas y comentarios que suscitó este vuelo fueron múltiples y todavía hoy, casi setenta y cinco años después del hecho, existen discrepancias acerca de las intenciones que lo motivaron. Hess insistió en su día en que su única intención al volar a Inglaterra era la de lograr un vuelco en el desarrollo de la contienda. Pero cabe preguntarse si tal motivación era cierta.

Se asegura que Hess estaba convencido de que Alemania no podría vencer en dos frentes, es decir, contra los aliados en occidente y contra Rusia en el este. Y que, al igual que su amigo Haushofer, *sabía* que Alemania terminaría por ser derrotada. Se afirma también que Hitler toleró, si no patrocinó, este vuelo de su lugarteniente a Inglaterra, aunque los arrebatos de rechazo histérico de que dio muestras cuando se enteró de lo realizado por Hess no parecen confirmar esta hipótesis. Como se ha dicho, los enigmas que rodearon este vuelo nunca terminaron de aclararse.

Alfred Rosenberg y Hitler durante el *putsch* de Múnich de 1923.

Fuera como fuese, el hecho es que Hess cayó en paracaídas sobre la población escocesa de Eaglesham, no lejos de Glasgow, en una noche de mayo de 1941. Afirmó en el momento de su detención que pretendía hablar con el duque de Hamilton para exponerle un plan de paz con Inglaterra, una vez que el primer ministro Winston Churchill fuera derrocado por un complot de elementos pro nazis de Inglaterra, cosa que pasaba por la mente de muchas autoridades germanas. Y tampoco se cansó de repetir que él había venido a Inglaterra para negociar ese tratado de paz que deseaba Hitler. No obstante, el hombre se contradecía repetidamente, pues cuando se le hicieron los primeros interrogatorios preguntándole si había venido a Inglaterra como emisario de Hitler aclaró que «el Führer no sabe una palabra de mi misión».

Nada más aterrizar, y pese a sus protestas de que había volado a Inglaterra con la intención de firmar un tratado de no beligerancia, Hess fue recluido en la Torre de Londres hasta el final de la guerra, fecha en la que fue devuelto a Alemania para ser juzgado.

De nada sirvieron sus declaraciones a las autoridades inglesas de que su propósito había sido llevar a cabo una misión de paz. Nadie creyó en sus palabras; por si esto fuera poco se pudo descubrir que en Inglaterra no existía ningún partido que pretendiera establecer un tratado de paz con Alemania, y que en el supuesto de que tal cosa existiera sus interlocutores carecían del menor interés por establecer cualquier tipo de negociaciones. Por último su pretensión de que se le tratara como un emisario diplomático fue desestimada, y se le consideró no sólo un prisionero de guerra sino como un jerarca del nazismo que habría de ser juzgado por posibles crímenes de guerra.

Posteriormente, tanto en Nuremberg como en la prisión de Spandau, Hess no dejará de insistir en la autenticidad de su propósito. Un propósito que, como años más tarde confesaría al director de la cárcel de Spandau, «no podía confesárselo a Hitler, porque si él hubiera conocido mis intenciones me habría hecho detener».

En todo caso, y una vez vista su causa en Nuremberg, Hess fue condenado a la pena de prisión perpetua. Murió en 1987 en la cárcel de Spandau, Alemania Occidental, a los 93 años de edad y con la mente bastante deteriorada.

Pero la vida del eterno preso de Spandau tuvo también una clara faceta de interés por el ocultismo que, en buena medida, estuvo estrechamente vinculada a su actividad política. A este respecto no hay que olvidar que fue precisamente él quien introdujo a Hitler en el ámbito cultural del visionario Haushofer, y que mantuvo también durante muchos años estrecho contacto con sociedades secretas pertenecientes a lo que podría denominarse «esoterismo nazi.» De ello hablaremos seguidamente.

El jerifalte ocultista

La Alejandría egipcia fue desde la antigüedad patria de heterodoxos, visionarios y amantes de todas las ciencias mistéricas. En esa Alejandría culta y variopinta nació como ya se ha dicho Rudolf Hess, y en ella recibió sus primeras enseñanzas secretas. La Historia establece en muchas ocasiones conexiones que parecen escaparse a los cánones de la lógica. El hecho de que el que, andando el tiempo, habría de ser el lugarteniente de Hitler —y su querido delfín hasta que dejó de serlo— se nos muestra como un ejemplo de estas inexplicables vinculaciones.

Ya en su juventud Hess se sintió atraído por los ambientes iniciáticos que tan fácilmente se prodigaban en su ciudad natal. Fue así como conoció a un curioso personaje que ocultaba su verdadero nombre tras el seudónimo de Vivian Postel y que se hacía pasar por un comerciante en maquinaria agrícola. Según afirma Serge Hutin en su obra sobre los gobernantes invisibles este Postel mantenía contactos de corte iniciático muy avanzados.

Tras ser desmovilizado en 1919 al final de la Primera Guerra Mundial, Rudolf Hess se convirtió en uno de los alumnos preferidos de Haushofer, el ya mencionado ocultista creador de la geopolítica. En París Hess vuelve a contactar con Postel quien le introduce en un grupo ocultista que lleva el significativo nombre de *Los vigilantes* y en una publicación que él mismo dirige, *La Revista báltica*, la cual —dato curioso— luce en su cubierta la cruz svástica.

Esta asociación ocultista de *Los vigilantes* había sido fundada por Schwaller de Lubicz, y adquirirá cierta notoriedad por sus investigaciones sobre el aspecto iniciático de la religión egipcia. Pero detengámonos un momento en esa figura tan carismática para sus seguidores que fue Lubicz, quien habría de influir notablemente sobre Rudolf Hess.

René Adolphe Schwaller de Lubicz, nacido en Alsacia en 1887, fue
un ocultista estudioso de la geometría sagrada y un notable egiptólogo,
amigo además de ciencias herméticas como la Alquimia, cuyos textos
más sobresalientes leyó con interés. En 1919 Lubicz fundó una asociación de ideología derechista y esotérica, *Les Veilleurs* («Los vigilantes»)
a la que, al parecer, perteneció Rudolf Hess. En los postulados de esta
asociación se urgía a los judíos —en una clara advertencia antisemita—
a que regresaran a su hogar en Palestina. Como dato anecdótico diremos
que los miembros de la asociación gustaban de lucir un uniforme consistente en una camisa oscura, botas altas y una especie de pantalones de
montar. El clásico atuendo, como se recordará, de los jefes nazis.
    A lo largo de su vida Schwaller de Lubicz mostró una notable afini-
dad con el grupo *Thule*, en lo que especialmente se refiere a la exaltación
de la herencia iniciática de aquellos arios que se consideraban descendientes de la misteriosa Hiperbórea. Conviene que aclaremos que esa
asociación de los Vigilantes, al contrario del grupo Thule, no mostraba
interés alguno por la política y que tampoco pretendía imponer, pese a
su ideología pro aria, ninguna idea racista. Pero volvamos nuevamente a
comentar la atracción ocultista que sentía Rudolf Hess.
    Durante su estancia en París en los años veinte, Hess siguió con inte-
rés las enseñanzas secretas de un Instituto de ritmoterapia que se había
establecido cerca de la capital francesa, uno de cuyos fines principales
era la de formar líderes que supieran agitar las masas. Veamos uno de sus
principios más representativos: «¿Qué sería de los mediocres si, de vez en
cuando, no surgiesen genios que la dirigiesen con mano de hierro?» afirmaba. Estas ideas que constituían, como decimos, el fundamento de la
enseñanza que se impartía en el Instituto fueron rápidamente puestas en
práctica por los jerarcas nazis. Himmler, por ejemplo, aseguraba que no
bastaba con anunciar al pueblo la llegada del Apocalipsis, sino que era
preciso persuadirle de ello, y de una manera convincente, mediante los
elementos más drásticos y hasta terroríficos. De ese modo, aseguraba,
sería más fácil dirigir a las masas.
    Hacia 1923, Rudolf Hess ya se encuentra en Munich y rápidamente
se convierte en uno de los elementos más influyentes del grupo Thule, del
que ya forma parte de manera muy significativa Hermann Goering. A
partir de ese momento, el ascenso en la carrera política de Hess es imparable. ¿A qué se debió pues su arriesgada decisión de volar a Inglaterra

Himmler, creó los llamados anillos SS-Ehrenring (anillos del honor) que
se otorgaban a todo SS que mostrara cualidades excepcionales de liderazgo
y valor en combate, además de estar ligados a la reencarnación.

en 1941 para intentar una paz por separado con ese país? La excusa de
una súbita locura del delfín de Hitler, que se ha esgrimido por parte de
algunos historiadores como justificación de un acto tan osado, no parece
presentarse como argumento válido.

No cabe la menor duda de que Hess resultaba un tipo muy particular.
Las opiniones de los que le trataron de cerca refuerzan esta idea de que
era un personaje con una entidad psicológica más bien contradictoria.
«Bondadoso, pero débil y soñador, carente de toda personalidad», diría
de él Hans Frank, el que fue gobernador general de Polonia condenado a
muerte en Nuremberg por crímenes contra la humanidad. Para Ernst Bo-
hle, *gauletier* del Reich, Hess era el idealista más grande de Alemania, «un
hombre al que no le gustaba mostrarse en público». Su secretaria, Hilde-
gard Fath lo consideraba «persona muy buena, que se imaginaba que
todo el mundo era tan honesto y honrado como él mismo». Para Albert
Speer, que lo conoció muy personalmente, Hess era una persona demasiado sensible, demasiado receptivo y demasiado inestable, enemigo de todo
tipo de intrigas y de luchas para lograr el poder. Y en otra línea de juicios

resulta interesante recordar que el ministro Von Krosigk decía de Hess lo siguiente: «Cuando uno se dirige a él suele dar la impresión de que desciende de otro planeta y que difícilmente sabe poner los pies sobre la tierra. Hess vivía en parte en un mundo irreal, creía en la interpretación de los sueños, en las profecías y en la astrología». Y esta opinión compartida sobre el singular carácter de Hess quedaba especialmente reflejada en la opinión que de él tenía el profesor Müllern-Schönhausen que no se recataba en escribir que «Hess no se habría sorprendido en absoluto si viese cómo Lohengrin o al arcángel Gabriel se le aparecían para traerle un mensaje del Maestro del más allá».

No obstante, y a pesar de todas estas opiniones Hess parecía saber lo que hacía. Su papel dirigente en sociedades secretas y su pertenencia a la secta del Alba dorada, que gozaba de notable influencia en Inglaterra, le animaban a tomar aquella decisión. Se ha dicho también que esperaba establecer un contacto definitivo con Aleister Crowley, el controvertido mago inglés, con la esperanza de que éste apoyara sus pretensiones pacifistas. Pero los hechos demostraron de forma rotunda que las «potencias invisibles» no estaban por la labor de apoyar las pretensiones de Rudolf Hess. Sin duda, el hombre no supo interpretar adecuadamente el designio de los dioses.

Las repetidas paradojas

La concepción esotérica —o pseudo esotérica— que subyacía en el nazismo es uno de los temas más sorprendentes que se presentan cuando se analizan con cierto detenimiento las figuras de Hitler y de sus colaboradores.

Hermann Rauschning en su libro *Conversaciones con Hitler* afirma que para estar al tanto de los planes políticos de Hitler es necesario conocer, en primer lugar, la convicción que tenía el Führer de que el hombre mantiene constantemente una relación mágica con el Universo. Y a pesar de que el testimonio de Rauschning haya sido puesto en entredicho por algunos investigadores, no se puede olvidar que la vinculación que tuvo con el nazismo —y, por extensión, con el propio Hitler— durante varios años fue notable, antes de apartarse del movimiento y de huir posteriormente a los Estados Unidos.

La fe que Hitler tenía en diversos presupuestos ocultistas o pseudo esotéricos se ve ratificada por las abundantes paradojas que rodean su vida. Una de las primeras es sin duda su relación con un personaje tan pintoresco como Ignacio Timoteo Trebitsch-Lincoln —más conocido por las siglas I.T.T.Lincoln—, individuo de clara ascendencia israelita, que fue uno de los instigadores del famoso *putsch* de Munich y momentáneo colaborador de Hitler. No obstante, Trebitsch no podía ignorar las tendencias fanáticamente antisemitas del insurgente movimiento nazi. No sorprende, pues, que con frecuencia resulte sumamente difícil entender esta clase de paradojas.

Este misterioso Trebitsch, del que no hay que olvidar que formó parte de los promotores del movimiento nazi, pudo sin duda influir en Hitler poniéndole al tanto de algunas de las teorías ocultistas que conocía ampliamente. Por otro lado, su amistad con Haushofer le vinculaba de forma directa a la idea pangermanista tan cara al jerarca del nazismo.

Tampoco se debe olvidar la conexión judía del famoso astrólogo de Hitler, Erik Hanussen, cuya influencia sobre el líder nazi y, consecuentemente, sobre los más altos dirigentes del Partido fue notoria. ¿Cómo se puede explicar de manera medianamente lógica esta extraña vinculación con la odiada raza judía?

Hanussen constituye una de esas figuras de peligroso pintoresquismo que, en determinadas etapas de su vida, rodearon a Hitler y tuvieron sobre el dictador nazi una notable ascendencia. El éxito de Hanussen se basó, entre otras cosas, por sus aciertos al pronosticar hechos tan determinantes como el incendio del Reichstag, o la toma del poder de Hitler al conseguir la cancillería de Alemania. No es de extrañar, pues, que a tal individuo se le llegara a considerar «el Rasputin alemán», y que personajes nazis de la talla de Hess, Goebbels o Heydrich fueran sus más fervientes seguidores, y frecuentaran su famoso consultorio vienés antes de tomar serias decisiones. Lamentablemente, esta fama terminaría por apagarse debido a la conducta caprichosa y rebelde de que dio muestras el famoso vidente.

Serge Hutin, en su obra sobre los gobernantes invisibles, resalta la paradójica —y lógicamente inversa— influencia que tuvo el Antiguo Testamento sobre la ideología nazi. Se diría que esta última confiscó y utilizó para su provecho la idea del Pueblo Elegido, de la Raza Elegida, que de forma tan insistente hizo resaltar durante su hegemonía.

Resulta curioso mencionar un hecho que a simple vista parece muy llamativo: las resonancias claramente judías de los nombres de algunos jerarcas nazis, como es el caso de Eichmann, Heydrich o Rosenberg. Por si esto no fuera suficiente es conveniente recordar la opinión de muchos investigadores que hacen una declaración sorprendente: Por Hitler corría la sangre medio judía de su padre; un padre del que siempre se sintió muy alejado.

Cabe preguntarse cómo, cuándo y por qué se originó el odio de Hitler a los judíos. Es un odio que no constituye una simple reacción del nazismo al poder hebreo sino a «una determinación inscrita desde el inicio en los principios hitlerianos». En su obra *Mein Kampf* escrita bastantes años antes de alcanzar el poder Hitler había dejado bien patente que «...El judío sigue su fatídico camino hasta que llegue el día en que otro poder se levante contra él y le envíe, tras una lucha grandiosa, al reino de Lucifer».

Teniendo presente esta ideología aberrante, poco puede sorprendernos la «solución final» tomada por los nazis, y su rechazo a posibles alternativas más suaves, como sería la deportación masiva de los judíos a Madagascar, ideada en su momento por Rosenberg y Eichman. A aquellas mentes perversamente deterioradas que vivían en un ambiente de cruzada fanática, les parecía una misión sagrada purificar no solamente Alemania sino la Humanidad entera borrando de la faz de la tierra el judaísmo.

¿Intuía ya Hitler desde su juventud errática por las calles de Viena el futuro que le esperaba, y quería ver confirmada esa intuición con las predicciones astrológicas a las que recurría? Recordemos a este respecto que la localidad austríaca en la que había nacido, Braunau am Inn, era famosa por la abundancia de médiums que habían florecido en ella. Incluso parece ser que uno de los hermanastros de Hitler fue un médium muy destacado. Sabida es también su profunda afición a rodearse de magos y videntes, y su profundo interés por descifrar las *Centurias* de Nostradamus, en especial por el anuncio que éste hace sobre el advenimiento del Gran Monarca, con el que muy posiblemente se identificase.

Al mencionar la simpatía —podría calificarse más bien de obsesión o de inmenso respeto— que Hitler tenía hacia los magos, el escritor Jimmy Guieu cuenta una historia que resulta muy sorprendente. Analicémosla por un momento.

Hitler buscó un culpable para justificar la caótica situación económica alemana
y personificó ese odio en los judíos.

Siguiendo las órdenes personales de Hitler, la Gestapo debía buscar
y detener al doctor de Fombrune, uno de los estudiosos más reputados
de la figura de Nostradamus. Por tres veces el mencionado médico, que
ejercía su profesión en la pequeña población de Sarlat, no lejos de Bur-
deos, recibió unas extrañas llamadas telefónicas que le advertían de la
visita de agentes de la Gestapo que vendrían a detenerle. En esas tres
ocasiones el citado doctor Fombrune logró escapar, regresando más tarde sano y salvo a su consulta. Pero se produjo una cuarta visita de los
agentes, y en esta ocasión no hubo aviso previo. Los hombres de la Gestapo se presentaron en su consulta y le conminaron a que les acompaña-
ra, pues quedaba detenido. El médico tuvo, de repente, una idea insospe-
chada. Abrió una gaveta de su escritorio y tomó la estrella de oro que
tiempo atrás le había regalado una de sus pacientes. La estrella llevaba
escrita en alemán una frase de protección personal. Fombrune tomó
aquel pentáculo y se lo puso delante de las narices a los agentes que habían venido a detenerle. Éstos se quedaron petrificados, dieron un taco-
nazo, hicieron el saludo nazi y salieron de la estancia sin causar la menor
molestia a aquel al que habían venido a detener. ¿Conocían aquellos individuos el significado esotérico del pentáculo? Fuera como fuese, la
protección mágica del amuleto había funcionado.

Se ha dicho en más de una ocasión que nada tendría de particular
que Adolf Hitler hubiera sido escogido para liderar el partido nazi por
su capacidad mediúmnica, pues ciertamente estaba dotado de un claro
magnetismo, y los gobernantes ocultos no tendrían que hacer más que
desarrollar las dotes que él ya poseía. Algo de verdad parece que hubo
en ello.

Algunos apuntes sobre el esoterismo nazi

Al comentar la figura del ya mencionado Haushofer no podemos olvidar
dos de las instituciones esotéricas más importantes del movimiento nazi:
La Sociedad Vril y el Grupo Thule, entidades con las que tanto él como
otros jerarcas nazis estuvieron muy estrechamente vinculados, y que
constituyeron el lado oculto del movimiento nazi. Esbocemos, pues, algunos de los principios que regían en la primera de estas dos instituciones: la Sociedad Vril.

Para comenzar es necesario que recordemos que el concepto de *vril* fue creado —o tal vez descubierto— por una notable figura literaria de la Inglaterra del siglo xix: el barón Lytton de Knebworth, más conocido por Bulwer Lytton.

Edward Bulwer-Lytton (el famoso autor de *Los últimos días de Pompeya*, que no hay que confundir con su hijo, el asimismo escritor y político Robert Bulwer-Lytton) escribió en 1871 una novela titulada *The Coming Race or Vril: The Power of the coming Race* («La raza futura o el Vril: La fuerza de la raza futura»). En su novela, de corte absolutamente ficticio, Lytton definía al Vril como una enorme reserva de potencial universal; un potencial que, en cierta medida, podía concentrarse y activarse en el cuerpo humano.

Lytton nos habla de un pueblo que vive en las entrañas de la tierra y que ha logrado dominar el Vril, lo cual permite a sus militantes llevar a cabo auténticos milagros. Conviene recordar que el autor fue un notorio ocultista y un estudioso de las teorías de Messmer. Así pues, y de acuerdo con las investigaciones que se han llevado a cabo hasta el presente, podríamos definir el Vril como una fuerza psicofísica de origen un tanto misterioso, capaz de transformar las potencialidades del ser humano. Lytton, no obstante, quiso dejar bien claro que el Vril y el llamado «magnetismo animal» eran fuerzas totalmente diferentes; queriendo, sin duda, dar preeminencia al primero.

Resulta comprensible que tales teorías fueran muy del agrado de aquellos jefes nazis proclives a dejarse llevar por teorías de ámbito esotérico. Y no es de extrañar por tanto que Hitler, cuyas aficiones ocultistas eran bien notorias, también se dejase impresionar por esta clase de pseudo ciencias.

Willy Ley, un ingeniero alemán emigrado a los Estados Unidos a finales de los años 30 publicó, diez años después de su llegada a Norteamérica, un trabajo sobre lo que él denominaba «teorías pseudocientíficas y esotéricas del nazismo» que habían tenido gran auge durante el periodo nacionalsocialista. Ley consideraba dichas teorías notablemente «irracionales»; y entre ellas hacía referencia a un grupo berlinés que se dedicó en su momento, y con mucha intensidad, a la búsqueda del Vril.

¿Hasta qué punto estaba Hitler introducido en el mundo del ocultismo, la magia y el esoterismo? La pregunta no tiene una fácil respuesta, pero es muy posible que en todo caso sus «maestros» le hubieran introducido en algunos de los secretos del ocultismo. Entre ellos cabe destacar el control de la energía inmaterial, ya se trate del Vril al que hacía referencia Bulwer Lytton, o al magnetismo animal de Messmer. Y recordemos que una vez que el iniciado ha conseguido controlar esta energía puede utilizarla de muy diferentes maneras: como un agente terapéutico, como un medio para alcanzar un estado espiritual superior o como —y es necesario resaltar esta tercera posibilidad— como un medio para dominar a otras personas.

Otro de los grandes secretos del ocultismo es el control de los acontecimientos, y la posible creación de situaciones y estados deseables para el individuo en el plano físico. Esta capacidad se consigue mediante el ejercicio del poder de concentración del iniciado, que ha de enfocar su deseo con una fortísima entrega a su posibilidad de realización. Para ello es imprescindible un estado emocional muy elevado, o muy acelerado. En definitiva, todo depende del temperamento del iniciado.

Por último, como afirma J.H.Brennan, es necesario «el establecimiento de contactos con los entes sobrehumanos a través de medios ajenos al mundo físico, que los ocultistas denominan «planos interiores». No obstante, el principiante pronto descubre que las técnicas con las que trata de ponerse en contacto con las regiones más elevadas también pueden emplearse para ponerse en contacto con las regiones más maléficas.

Es muy probable que Hitler, en su aprendizaje ocultista, hubiera llegado a conocer estos secretos si bien, como la Historia nos ha hecho ver, se concentró en sus aspectos más negativos. Que trataba de adecuar su voluntad a los principios de la magia es algo que resulta evidente si se estudian muchas de sus actuaciones. Tenía una plena fe en el poder de la voluntad y creía profundamente que tanto las personas como los acontecimientos podían adaptarse a una voluntad superior; una creencia que tiene un profundo sentido mágico.

En los últimos estadios de la guerra Hitler dio claras muestras de esa, casi segura, iniciación que había tenido en el ámbito de la magia. Afirma Bullock que se encerraba en su mundo interior, marginando —e incluso tratando de negar— los severos problemas a los que se enfrentaba Alemania. No quería visitar las ciudades que habían sufrido los devastadores efectos de los bombardeos aliados; e igualmente se negaba a leer los informes que echaban por tierra el cuadro que quería formarse de la realidad. Una «realidad» que nada tenía que ver con los hechos que

Imagen del Sol Negro o Sonnenrad, un símbolo de significado esotérico
y oculto cuyo diseño se basa en una rueda solar y que podía verse
en los mosaicos del castillo de Wewelsburg durante la dominación nazi.

podían ser fácilmente verificados. Pero, en todo caso, no se trataba de un
mero escape psicológico; en el fondo, lo que Hitler estaba viviendo era
una fusión con una operación mágica. Para ello disponía adecuadamente su entorno, a fin de poder visualizar de la forma más nítida posible la
situación que deseaba provocar. Son muchos los iniciados que han hecho
lo mismo, encerrados en sus lugares más reservados para evitar los estí-
mulos exteriores que puedan distraer o minimizar las energías deseadas.

Es muy posible que Hitler pudiera establecer contacto —y hasta llegara a tener cierto dominio— con entidades superiores o sobrehumanas;
es decir, con esos «planos interiores» que antes mencionábamos. No obstante, al tocar este punto los psicólogos están de acuerdo en que tales
entes superiores no son otra cosa que las personificaciones de ciertas
fuerzas ocultas que se encuentran en el subconsciente.

Hermann Rauschning describe con notable realismo la reacción de
Hitler ante la presencia de tales entes. La descripción no tiene desperdicio:

«Hitler se levanta en plena noche víctima de fuertes convulsiones y sin dejar de gritar. Se siente paralizado y pide ayuda. Se muestra dominado por un pánico exacerbado. No para de emitir sonidos confusos y difícilmente inteligibles. Se le ve sofocado y sin aliento. Cuando acuden en su ayuda le encuentran de pie en medio de su dormitorio, mirando confuso a su alrededor como si se hubiera perdido. Le oyen gritar: «¡Es él, es él, ha venido a buscarme!». Tiene los labios lívidos y el sudor cubre su frente. De golpe, empieza a pronunciar una serie de números sin sentido, de palabras inconexas y frases incompletas. El espectáculo resulta sobrecogedor. Hitler, en su alocada cháchara, mezcla extrañas expresiones que no parecen tener el menor sentido. Después, poco a poco, se va aquietando aunque sus labios siguen moviéndose de forma espasmódica. Los ayudantes friccionan su cuerpo y le dan algo de beber. Tras una breve pausa silenciosa, de nuevo se pone a gritar presa de gran excitación: «¡Allí, allí, está en aquel rincón!». Y mientras grita no para de golpear el suelo con los pies...»

No cabe duda de que en esos momentos Hitler estaba atravesando una de esas terribles experiencias que, según se sabe, también han vivido otras personas relacionadas con los tenebrosos dominios de lo oculto.

Conexiones con los reinos de la oscuridad

Cabe preguntarse hasta qué punto estaba Hitler en contacto con fuerzas ocultas de índole maléfica, o bien cómo es posible que se desvirtúe la psicología de un individuo que busca el poder mediante fuerzas perniciosas y destructivas. Lo cierto es que Adolf Hitler siempre se sintió sumamente interesado por lo que podríamos llamar «las fuerzas oscuras del Otro Lado».

Recordemos que la pequeña localidad austriaca en que Hitler nació, Braunau, pertenece a una región que siempre tuvo fama de ser tierra de médiums. Es el país en el que nacieron individuos que destacaron en este campo como fueron los hermanos Schneider, famosos por sus capacidades paranormales. Según algunos autores Hitler tuvo la misma nodriza que los Schneider, y fuera esta coincidencia un dato significativo o no, lo cierto es que él llegó a desarrollar determinadas fuerzas misteriosas muy parecidas a las que mostraron dominar los mencionados hermanos.

El ya mencionado historiador americano William Shirer comenta que se quedó muy sorprendido cuando observó cómo miraban las mujeres a Hitler durante una breve aparición que éste hizo en un acto público de Nuremberg, en 1934. «Le miraban como un Mesías —comentó—, con los rostros transformados por una expresión inhumana. Creo que si aquella aparición hubiera durado más tiempo, aquellas mujeres se hubieran desmayado por la excitación vivida».

Pero resulta evidente que la atracción que Hitler ejercía sobre los que le rodeaban —auditorios incluidos— no se limitaba a provocar ciertos estados de nerviosismo o de histeria. Ya hemos hablado del poder de sugestión de que dio muestras en innumerables ocasiones, no sólo sobre las masas sino también sobre sus más directos colaboradores. Mucho se ha escrito sobre su misteriosa intuición y su capacidad para trasformar las opiniones de los que trataban de aconsejarle; y no está de más preguntarse de dónde procedía esta fuerza.

¿Fue Adolf Hitler uno de los personajes más perturbadores de la historia moderna, un nigromante, o un hombre simple que decía lo que los demás querían escuchar?

El historiador inglés Hugh Trevor-Roper, autor de *Los últimos días de Hitler* aseguraba que el dictador alemán poseía una mirada hipnotizadora que seducía los sentidos y las emociones del que se sometía a la influencia de su magnetismo. Indiscutiblemente, esto sucedió durante bastantes años con una gran parte del pueblo alemán. No está, por tanto, desencaminado preguntarse si Hitler era un hipnotizador de gran potencia. Muchos de sus biógrafos así lo debieron pensar, si bien no lo expresaron abiertamente. Y si añadimos a una personalidad ya de por sí muy compleja el hecho de que en su juventud leyera abundantes libros sobre hipnotismo, y que siempre a lo largo de su vida se sintiera fuertemente atraído por las ciencias ocultas nos toparemos con una buena excusa para justificar esa capacidad de fascinación que ejercía muchas veces sobre los que lo veían y escuchaban.

La fascinación, a la que posteriormente se denominó hipnosis, es un fenómeno que para ejercerlo con eficacia se necesita el recurso de la relajación. Paradójicamente, Hitler no producía precisamente ese efecto de relajación en los que tenía a su lado, sino más bien todo lo contrario. Pero ¿era conocedor ese hombre de prácticas que conducían a una fuerte sugestión en sus oyentes? ¿Había aprendido de algunos «maestros» esas claves de extraña persuasión? Al tocar este punto viene muy a cuento considerar, aunque sea de pasada, la figura de un personaje que sin duda Hitler conocía bien. A él nos referiremos en próximas páginas.

3

Las teorías erráticas

El protervo mago inglés

En el mes de octubre de 1875, catorce años antes de que naciera Hitler, vino al mundo en la pequeña localidad inglesa de Leamington, en la región de Warwickshire, Edward Alexander Crowley quien, posteriormente, adoptó el nombre de Aleister. Así pasó a ser conocido por todo el mundo, como Aleister Crowley, el mago inglés al que se llegó a calificar en su día como «el hombre más malvado del mundo».

La «humildad» de este singular personaje queda demostrada con una de sus pintorescas afirmaciones: «Se ha señalado la extraña coincidencia de que un pequeño condado como Warwickshire haya dado a Inglaterra sus dos más grandes poetas, porque no debemos olvidar a Shakespeare». El señor Crowley, al hacer este comentario, pone al tanto al lector de esa coincidencia de nacimientos, y puesto que es posible que éste desconozca las fechas en que vivió Shakespeare se las incluye en la referencia, aunque lamentablemente de forma equivocada.

La infancia y la juventud de Crowley están llenas de datos que confirman su esnobismo y su bravuconería cosa que, al parecer, había heredado en parte de su progenitor. Hijo de una familia acomodada, Crowley fue alumno de colegios muy variopintos en los que dejó una huella poco positiva por su desagradable carácter. Tras pasar por Cambridge, viajó en 1897 a Rusia y, poco a poco, fue decantándose en él un afán por ser diferente, por alcanzar un estatus de persona fuera de lo corriente; por romper aquellos estrictos moldes burgueses y gazmoños que le había impuesto su familia.

En sus *Confesiones* Crowley habla de esas inquietudes por liberarse de todos los moldes establecidos, pues para él sólo había en este mundo dos tipos de seres: los ángeles y los demonios. ¿Por cuál habría él de inclinarse? Su elección parece ser bien clara: «La hipótesis cristiana de la realidad del mal hace al Demonio igual a Dios. Por tanto, si tenía que tomar partido no me era difícil decidirme. Las fuerzas del bien eran aquellas que siempre me habían oprimido. Veía cómo destruían diariamente la felicidad de mis semejantes. Como mi obligación era experimentar el mundo espiritual, mi primer paso debía ser entrar en comunicación con el demonio».

En plena juventud el futuro mago se hizo miembro de la Iglesia Celta cuyo entorno le permitió soñar con la búsqueda del Santo Grial. Una aspiración que ese joven rico, confuso y lleno de aspiraciones mágico-espirituales tendría durante algún tiempo. Recordemos dentro del campo de los paralelismos históricos que otro joven, de extracción social muy diferente pero de aspiraciones megalómanas parecidas, como fue Adolf Hitler, también se interesó por las mismas quimeras.

La vida de Crowley es una mixtura de viajes por todo el mundo, aventuras deportivas, actividades mágicas y, sobre todo, un afán de destacar, de romper moldes. Escritor de una larga serie de libros de corte esotérico, de los cuales la mayoría fueron auto editados, y fundador de sectas de escasa trayectoria, Aleister Crowley constituye el paradigma del mago que no acaba de encontrarse a sí mismo. Totalmente decidido a vivir de acuerdo con una personal concepción nietzscheana (recordemos aquí la importancia de la filosofía del superhombre tan cara a Hitler), nunca dejó de darse cuenta de que tal planteamiento habría de significar para él una vida llena de incomprensiones, hostilidades y escándalos. «No podía comprender cómo iba a estar limitado a una sola vida. ¿Cómo puede pretenderse entender el mundo si se continúa contemplándolo desde la torre de la propia personalidad? Uno puede crecer en su propio conocimiento y en su naturaleza viajando y leyendo, pero eso no nos dice cómo ven las cosas los demás…La grandeza del poeta consiste, en gran medida, en su capacidad para ver a través de los ojos de otro hombre…» Unas afirmaciones que si las hubiera desarrollado, lo hubiera podido convertir en un gran escritor. Pero, ciertamente, no fue ése el camino que escogió.

Una de las facetas más características de la personalidad de Crowley fue, sin duda alguna, su entrega a la magia sexual cuyo descubrimiento constituyó uno de los acontecimientos, sino el primero, más decisivos de su vida (en esto discrepaba de Hitler, cuya vida sexual fue más bien escasa y pobre). Los dos objetivos centrales de Crowley siempre estuvieron bien definidos a lo largo de su vida: convertirse en un gran mago y comportarse como un auténtico atleta sexual. En el segundo de estos planteamientos personales se vio acompañado siempre de mujeres en las que pretendía encontrar, siguiendo la línea de las leyendas tántricas,* a las «detentoras del poder» que habrían de iniciarle en unas prácticas que rompieran con las limitaciones del mundo cotidiano.

Crowley siguió llevando durante muchos años una vida desquiciada, entregada por completo a la magia, a la promiscuidad sexual y, en buena medida, a las drogas, sin que sus aspiraciones a verse considerado como el gran poeta y escritor que creía ser fueran reconocidas por nadie. Pero de repente y sin previo aviso su fama saltó a primera página, aunque no precisamente para recibir alabanzas. La prensa empezó a publicar titulares calificándole de «El rey de la depravación», «Una bestia humana» o bien «Un hombre al que nos gustaría colgar». No cabía duda de que las andanzas erótico-esotéricas y mágicas de Crowley no eran muy bien vistas.

A partir de la década de los años veinte Crowley empezó una singladura que habría de concluir de forma nada brillante, si bien se produjeron algunos paréntesis como en 1939, año en que dio en Londres una serie de conferencias sobre yoga que tuvieron bastante éxito. Pero la vida del mago ya estaba en su recta final. El periodista y escritor John Symonds lo visitó, acompañado de un amigo astrólogo, poco antes de morir y encontró al mago en un estado bastante lamentable. «Tenía una mirada extraña, con los ojos anormalmente abiertos como si estuviera dispuesto a hipnotizarnos, y empecé a sentir que en aquel hombre había algo especialmente desagradable…Me dio la impresión de que se preocupaba muy poco por los problemas y aspiraciones de la Humanidad,

---

* El tantrismo es un movimiento místico-filosófico y esotérico que surgió en el s. IV en la India, si bien muchos de sus principios son mucho más antiguos. En este movimiento se concede un papel fundamental al aspecto femenino de la Deidad, es decir, a la Shakti o energía. Dentro del tantrismo surgieron dos ramas: la vía derecha o de los renunciantes (sannyasin) que se abstiene de toda relación sexual, y la vía izquierda que utiliza la sexualidad como un elemento sagrado para lograr la apertura de la conciencia. Al parecer ésta segunda vía fue la utilizada por Crowley. (Nota del autor.)

pero observé que tenía una flaqueza bastante corriente: era ambicioso y deseaba partir de este mundo dejando tras de sí la mayor marca posible».

La noticia de la muerte del «hombre más depravado del mundo» apareció destacada en los periódicos poco después de su fallecimiento, ocurrido el día 1 de diciembre de 1947. Crowley había muerto a los setenta y dos años, aquejado de una insuficiencia cardíaca. Cuatro días más tarde sus restos fueron incinerados en Brighton, en presencia de un puñado de sus discípulos y algunas de sus antiguas amantes.

¿Conoció Hitler, a través de sus «maestros» esotéricos, la figura de Aleister Crowley? El afán de protagonismo, la ambición desatada, el interés por lo oculto, el desequilibrio mental y el ardiente deseo de pasar a la posteridad eran comunes a ambos, y nada tiene de extraño que uno y otro se estudiaran con recelo y con una buena dosis de admiración.

El curioso poder del número 7

En setiembre de 1919, poco después de terminada la Primera Guerra Mundial, Hitler acude a una taberna de Munich en donde le esperan cuatro amigos. En esos días el licenciado suboficial apenas se encuentra restablecido de la ceguera temporal que le causaron los gases en las trincheras del frente, una ceguera que le obligó a un largo periodo de convalecencia.

Los periodos de reposo, tras un acontecimiento traumático, suelen producir en quienes los viven especiales momentos de reflexión. En la Historia hubo casos sonados de personajes que cambiaron drásticamente el sentido de sus vidas tras esos periodos de descanso obligado. A Hitler le sucedió algo parecido, y su necesario tiempo de descanso le sirvió para reflexionar sobre la situación política de su país, y el convencimiento de que Alemania había perdido la guerra por culpa de la mala gestión de los altos dignatarios del país.

El Adolf Hitler de aquellos años de la inmediata posguerra era un joven de treinta años, de figura y aspecto más bien mediocre. Algo había, sin embargo, en aquel individuo que llamaba la atención: el fulgor y la penetración de su mirada que impresionaba a sus interlocutores, y que parecía expresar una enfebrecida actividad mental.

La taberna a la que en ese momento acudía Hitler era el local que habían escogido los miembros del recientemente formado Partido de los

Trabajadores de Alemania, una pequeña agrupación política fundada por Anton Drexler, empleado de los ferrocarriles, y a la que pertenecían entre otros Dietrich Eckart y Alfred Rosenberg, elementos que habrían de influir posteriormente y de manera notable en la trayectoria política de Hitler. Éste, que por entonces no era más que un suboficial en excedencia, acudía a la reunión como informador secreto del Servicio de Inteligencia del Ejército que quería controlar las actividades de la organización recientemente formada, ya que la denominación del Partido con la inclusión del término «Trabajadores» hacía pensar al Gobierno que podía tratarse de una célula de tipo comunista.

A Hitler se le había invitado porque ya empezaba a destacar por sus incipientes dotes de orador. Él diría más tarde que había sido el miembro número siete de los fundadores del Partido, cosa que al parecer no era cierta, si bien es verdad que era el miembro número siete del comité central. En realidad lo que Hitler deseaba era formar su propio partido, y no le agradaba el hecho de ser un simple miembro —aunque formara parte del comité ejecutivo— de una organización política ya constituida. Sus ansias de liderazgo eran muy fuertes y no pasaban desapercibidas a quienes le conocían.

Por ese motivo la reunión de ese mes de septiembre no le resultó muy atractiva, y la abandonó preguntándose si no sería mejor que abandonase el Partido. Según cuenta en *Mein Kampf* pasó algunos días de «profunda reflexión» sopesando su postura, pero concluyó tomando la decisión de formar parte del Partido. Si consideramos sus palabras, aquella fue la decisión más decisiva de su vida, porque a partir de entonces «ya no había posibilidad de volverse atrás».

El hecho de que Hitler se considerase —o realmente fuese— el séptimo miembro fundador del Partido de los Trabajadores, organización política que duró poco más de un año con ese nombre, pues rápidamente transformó su nomenclatura en Partido Nacional Socialista de los Trabajadores (NSDAP), tenía cierto sentido, en el supuesto de que conociese el significado esotérico del número siete.

El siete está compuesto por la unión del ternario (3) y el cuaternario (4), por lo que se atribuye a este número un valor excepcional. Corresponde a las siete direcciones del espacio, a la estrella de siete puntas y a la conexión del cuadrado y el triángulo, por la superposición del cielo sobre la tierra. Curiosamente, también corresponde a la cruz tridimensional.

Afirman los que están versados en numerología que el análisis numerológico del nombre de Hitler da como resultado el número siete. Y si nos atenemos a lo que dijo un famoso ocultista «...La gente que está relacionada con el número siete tiene una marcada tendencia hacia el ocultismo. También se distinguen por la singularidad de sus sueños. Tienen el don de la intuición y la clarividencia, además de poseer un especial magnetismo, cautivador y personal, que les proporciona una gran influencia sobre sus semejantes».

No cabe duda de que Hitler utilizó su «especial magnetismo, cautivador y personal» para escalar peldaños en el Partido de los Trabajadores de Alemania y hacerse con el poder, convertido en su jefe indiscutido cuando aquella institución se transformó, en 1921, en el Partido Nacional Socialista de los Trabajadores Alemanes. Pero no es menos cierto que el llamado Führer de Alemania sentía una clamorosa inclinación por el ocultismo. En lo tocante a «la singularidad de los sueños», de que hacen gala los seguidores del número siete, no hay duda de que en el caso de Hitler el papel que jugó la actividad onírica en su vida fue relevante en muchas ocasiones.

El ocultismo nazi y otras amenazas

En cierta ocasión Albrecht Haushofer —hijo del teórico nazi Karl Haushofer— hizo una confesión dramática, visionaria y de gran alcance al asegurar que su padre había «descorrido el velo». Variadas son las interpretaciones que se pueden dar a este «velo», pero todas poseen un claro sentido ocultista. Seguía diciendo el autor que si bien su progenitor no había sentido el aliento de Satán, había liberado ese aliento para que recorriese el mundo. La afirmación no podía ser más certera.

Es un hecho evidente —y así lo ratifica el estudioso del nazismo J.H.Brennan— que la Alemania nazi quiso presentarse ante el mundo como una sociedad de corte totalitario, pretendiendo dar la imagen de que toda su estructura ideológica estaba apoyada en el materialismo científico. Pero lo cierto es que las cosas tenían un cariz muy diferente. La esencia del nazismo tenía unos cimientos y un trasfondo fuertemente vinculados a lo que podría calificarse como «teorías irracionales». Las exageraciones y fanfarronadas hitlerianas no tenían límite cuando aseguraba que su Tercer Reich duraría mil años.

Aleister Crowley fue un aclamado mago y profeta involucrado
en rituales sexuales con miembros de las más altas clases sociales, de quien
se dice tenía la capacidad de comunicarse con el mismísimo diablo.

Los verdaderamente iniciados han repetido a lo largo de la historia
que representa un grave peligro utilizar las energías ocultas de forma in-
discriminada o, peor aún, indebida. Ese error conlleva indefectiblemente
a la propia destrucción, porque no se pueden emplear los procesos mágicos de manera aleatoria y torpe, y no cabe duda de que en el nazismo no
se tuvieron en cuenta estos principios. Es conveniente tener siempre presente que los procesos mágicos se mueven en un terreno muy sutil, y el
practicante que quiera servirse de ellos no puede caer en la vanidad, ni
en el uso inadecuado de medios y técnicas que terminarán por ocasionar
su propia destrucción.

Son muchos los historiadores que aceptan el hecho de que Hitler
—como ya se ha dicho— tenía una notable capacidad precognitiva, don
que al parecer nunca llegó a abandonarle, si bien tal cualidad sufrió fallos
en repetidas ocasiones. De todos modos no podemos omitir algunos hechos evidentes. Veamos, por ejemplo, una de sus acertadas precogniciones.

En el año 1944 Alemania estaba bélicamente en una situación crítica, y eran muchos los generales que daban por perdida la guerra. La

posible invasión aliada de Europa era un hecho que todos consideraban inminente. Pero ¿dónde se produciría esa invasión?

En el mes de mayo de ese mismo año los servicios alemanes de espionaje recibieron la información de que la esperada invasión tendría lugar en el mes de junio, pero seguían ignorando por completo en donde se produciría tal hecho. Ateniéndose a la lógica, en el estado mayor alemán —en el que se puede incluir al mismo Rommel— estaban convencidos de que el desembarco aliado se produciría cerca de Calais, dado que ese era el tramo más corto del Estrecho. Convencidos de este planteamiento persuadieron a Hitler para que fuera esa zona la más protegida ante, al parecer, el inminente desembarco.

La decisión de Hitler fue muy otra. Su precognición jugó, una vez más, un papel destacado al asegurarle que no sería Calais sino las costas de Normandía donde tendría lugar el desembarco aliado. En junio los hechos confirmaron su afirmación.

A partir del momento en que las fuerzas aliadas pusieron pie en el continente era fácil pronosticar que la guerra estaba perdida para Alemania. Pocos meses después del desembarco aliado, exactamente en el mes de septiembre, una figura de la talla del mariscal de campo Von Rundstedt, comandante en jefe de las tropas alemanas del frente oeste, estaba convencido de que a su juicio la guerra estaba perdida. Pero Hitler, influido por sus intuiciones mágicas, era de muy otra opinión. Poco después de que los aliados ocuparan la costa francesa no tuvo el menor reparo en afirmar ante los generales de su estado mayor que Alemania seguiría luchando hasta que el enemigo se sintiese agotado. «Es necesario combatir con fe y con una voluntad de hierro», les dijo. Y no cabía duda de que su voluntad era inconmovible.

Allan Bullock, al referirse a esta decisión de Hitler aseguraba que su fe se consolidaba con la creencia de que solamente superando la marejada que se le venía encima tendría el apoyo de alguna intervención milagrosa. De esta manera sería capaz de vencer a sus enemigos. Por consiguiente, había que seguir manteniendo fuerza de voluntad. La voluntad y la fe eran absolutamente imprescindibles, a su juicio.

Resultaba evidente que esa fe en la voluntad —aquella voluntad de poder de la que hablaba tan enfáticamente Nietzsche— era el bastión tras el que se refugiaba Hitler. Y tal creencia tenía una fuerte base ocultista. Confiaba en que los acontecimientos volvieran a repetirse, como había sucedido pocos meses antes cuando acertó con la estrategia bélica que seguirían los aliados.

Mientras tanto, y a medida que el cariz de la contienda bélica acentuaba los tintes más sombríos para los alemanes, Hitler se ocultaba en el reducto de su cuartel general, esperando que los hechos se adecuaran a sus expectativas ocultistas. Esa esperanza no sólo era su patrimonio personal en aquellos difíciles momentos, sino también la de muchos alemanes.

Tal creencia esperanzadora se encontraba basada en un elemento armamentístico, en un artefacto bélico que, según las palabras de Hitler, «iba a dejar atónitos a los aliados». El arma en cuestión no era otra que un mecanismo a reacción, un cohete-bomba que no precisaba piloto y que tenía una devastadora carga mortal. Se trataba de las V-1 y V-2, elementos bélicos nunca imaginados hasta el momento, y de los que los aliados tenían una vaga idea por la información recibida de la resistencia polaca en 1943.

Tanto Hitler como sus generales consideraban que estas armas podrían dar un vuelco decisivo a la marcha de la contienda. Goebbels, ministro de propaganda de Alemania y uno de los más exaltados jerarcas nazis, se ocupó también de levantar el ánimo de la decaída opinión pública anunciando la existencia de un nuevo tipo de armas que pondría de rodillas al enemigo. Fueron predicciones que no llegaron a cumplirse

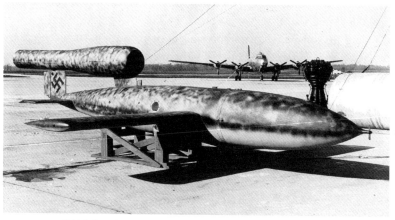

El V-1 fue el primer misil guiado que se utilizó en la guerra, precursor de los misiles de crucero de hoy en día.

plenamente, porque si bien las V-1 constituyeron un innegable avance en la tecnología de la destrucción y causaron grandes destrozos en las ciudades inglesas, los arriesgados ataques aéreos británicos contra Peenemünde (la pequeña localidad alemana situada en la costa báltica, en la que se encontraban las instalaciones para la investigación y producción de las V-1 y V-2, centros dirigidos por el científico Wernher von Braun) consiguieron conjurar en buena medida la amenaza nazi.

Pero según algunos autores —entre los que se encuentran L.Pauwels y J. Bergier— no fueron solamente los ataques británicos a las instalaciones de Peenemünde las que frenaron las investigaciones que se llevaban a cabo en aquel centro sino otras motivaciones de muy diverso y pintoresco signo.

Las fantásticas teorías de Hörbiger y compañía

La suspensión de las investigaciones armamentísticas que se estaban llevando a cabo en Peenemünde, suspensión de varios meses que causó la irritación de los ingenieros que trabajaban en el proyecto de la V-2, y que causó un serio perjuicio a los alemanes en la marcha de la guerra, se debió exclusivamente a una de las extrañas interpretaciones ocultistas de Hitler. Éste se encontraba convencido de que el proyecto de la V-2 entrañaba serios riesgos, incluso una posible intervención de las fuerzas divinas en contra de Alemania, si se llevaba a efecto la utilización de esta arma devastadora.

Pero no solamente se trataba en este caso de las particulares interpretaciones de Hitler. Había otra figura que influía notablemente en las decisiones que se pudieran tomar al más alto nivel. Se trataba de un curioso personaje y de su «teoría cosmogónica»: Hans Hörbiger.

Hörbiger (1860-1931) fue un ingeniero austriaco que si bien ideó interesantes proyectos, como la construcción del subterráneo de Budapest y la invención de algunos instrumentos industriales que todavía siguen utilizándose, es más bien conocido por su famosa y pintoresca teoría de la cosmogonía glacial. Según ésta el Universo había tenido su origen, y proseguía su andadura, gracias a una continua lucha entre el fuego y el hielo. En su obra *Cosmogonía glacial. Una nueva historia del Universo y del sistema solar* Hörbiger propugna la intensa relación entre esos dos elementos cósmicos que, en cierto modo, resultan complementarios. El autor establece una nueva concepción del origen y desarrollo del sistema solar, y pretende explicar algunas de las cuestiones más importantes de la Humanidad. Se trata, en definitiva, de una serie de postulados pseudocientíficos carentes de toda base que, sin embargo, gozaron de cierta popularidad en determinados ámbitos culturales y políticos del primer tercio del siglo xx.

La teoría horbigeriana fue muy bien aceptada por varios jerarcas nazis entre los que se encontraba Alfred Rosenberg -uno de los principales ideólogos del partido al que ya hemos mencionado en estas páginas-, y es muy posible que el mismo Hitler se sintiera fascinado por los postulados «cosmogónicos» de su compatriota. El hecho es que los seguidores de las teorías de Hörbiger que estaban al tanto de las investigaciones que se llevaban a efecto con las nuevas armas secretas no eran muy proclives a que éstas llegaran a utilizarse, alegando que podrían causar profundos desequilibrios planetarios, por lo que convencieron de ello a Hitler que, como ya hemos dicho, ordenó suspender los trabajos.

No fue esta la única ocasión en que las teorías ocultistas, tanto si partían de Hörbiger como de algún otro «iluminado», jugaron un importante papel en el desarrollo de la contienda. En la primavera de 1942, cuando todavía los ejércitos alemanes ocupaban media Europa, se llevaron a cabo en una zona del mar Báltico una serie de experimentos con los que se pretendía probar ciertas propuestas de corte más o menos mistérico.

Dirigía estos experimentos un tal Heinz Fisher (al que no se debe confundir con el que ha sido presidente de Austria del mismo nombre) que intentaba demostrar con sus teorías científicas, entre otras cosas, la superioridad de la raza germana, la trascendencia de sus investigaciones armamentísticas y la consiguiente victoria de Alemania en el conflicto que estaba teniendo lugar. Pero las propuestas teóricas de Fisher eran notablemente abstrusas y sus resultados prácticos resultaron inviables, si bien él se defendió de su fracaso alegando —una vez concluida la guerra— que los nazis le habían forzado a hacer una serie de locuras que habían retrasado sus investigaciones. De hecho, Fisher, como tantos otros científicos alemanes, trabajó después de la guerra en los Estados Unidos en importantes proyectos nucleares.

Lo cierto es que pese a lo aberrantes que pudieron ser las teorías de Hörbiger y sus seguidores, los científicos alemanes trabajaron durante la guerra en una serie de proyectos que jamás trascendieron a la opinión pública, y que de haber dispuesto de más tiempo hubieran cambiado drásticamente el curso no solamente de la guerra sino de la historia de la Humanidad. No en balde amenazaba Hitler, en sus momentos de histérico entusiasmo, con un arma definitiva en la que estaban trabajando sus científicos y que le habría de proporcionar la victoria final sobre los aliados.

¿Tenían alguna base científica los postulados de Hörbiger?

Las teorías de Hans Hörbiger expuestas en su obra *Cosmogonía Glacial,* mencionada anteriormente, constituyeron una especie de dogma para muchos jerarcas nazis sin excluir, en buena medida, al propio Hitler. Pero, ¿tenían alguna base científica los postulados de esta nueva concepción del Universo? Y, lo más importante, ¿hasta qué punto influenciaron estas teorías en la visión geopolítica del nazismo?

La cosmogonía glacial de Hörbiger se sustentaba en la mecánica de dos elementos cósmicos complementarios: el hielo y el fuego, y en las fuerzas de repulsión y de atracción que se generan a partir de esta dinámica que regía, según su criterio, los espacios siderales y todos los cuerpos celestes. De acuerdo con los postulados de esta pintoresca cosmogonía, los planetas que forman el sistema solar siguen los dictados de dos fuerzas que evolucionan de forma contrapuesta. La primera de ellas es la que, debido al efecto de una explosión, los proyecta en el espacio; la segunda es la que se debe a la gravitación que los atrae a la masa más fuerte situada en su proximidad.

Estos postulados eran indiscutiblemente revolucionarios —si bien jamás llegaron a ser demostrados—, ya que propugnaban una nueva concepción del origen y desarrollo de nuestro sistema solar y, por supuesto, de la Tierra. Todo ello conllevaba también, y de forma inevitable, una nueva manera de interpretar la historia geológica de nuestro planeta y, por ende, de la historia del hombre.

Según la teoría de Hörbiger, expuesta en su *Cosmogonía Glacial,* la Tierra había capturado en una época imprecisa —las imprecisiones son características de su obra— varias lunas, lo cual había ocasionado grandes catástrofes y terribles diluvios, que causaron profundos cambios en la climatología terrestre y en la disposición de los continentes. De estos diluvios el último, conocido como el Gran Diluvio, había tenido lugar unos 13.000 o 15.000 años antes de nuestra era y había dejado constancia en la memoria de los pueblos que sobrevivieron a él, causando el hundimiento de la mítica Atlántida y generando el nacimiento de nuevas razas.

Estas curiosas teorías —y otras no menos pintorescas— constituyeron las fuentes pseudocientíficas en que bebieron los jerarcas nazis. Todo ello representaba un panorama de cierto atractivo, con el que se encontraban muy a gusto porque les permitía fraguar teorías excéntricas acerca de los privilegios de ciertas razas. Hay que recordar que una de estas teorías hablaba de aquella minoría de seres privilegiados que habían buscado refugio en las profundidades de la tierra para escapar de los desastres cósmicos. Obviamente, los nazis especulaban sobre la posibilidad de que la raza pura aria fuera la única descendiente de aquellos seres superiores.

En este tipo de fantasiosas especulaciones a las que eran tan proclives algunos de los jefes nazis tuvo no poco que ver otro personaje —y esta vez de estimable categoría literaria— que incidió en la concepción de la «mitología hitleriana». Se trata en este caso del inglés Edward Bulwer-Lytton, novelista, dramaturgo, político y autor de la conocida novela *Los últimos días de Pompeya*. La frondosa imaginación de Bulwer-Lytton había creado una raza de seres dotados de increíbles poderes que, cuando llegara el momento propicio, emergerían de las profundidades de la tierra para conquistar el mundo. Esta visión «profética» encajaba de pleno en las pretensiones nazis de expansión y dominio. Sin duda alguna ellos serían los futuros amos del mundo, cuya posesión les pertenecía no solamente por la calidad y pureza de su raza sino también por el dictamen de aquellos seres omnipotentes que regían los destinos del planeta. De este modo la existencia del «Reich del milenio» que gobernaría en el futuro a la Humanidad se veía plenamente justificada a sus ojos, y cualquier intento de impedirlo, ya fuera por parte de facciones políticas, razas inferiores o naciones enteras debería ser eliminado de raíz.

La extraña Sociedad de los Polares

Los fundamentos y entresijos de corte esotérico que primaron en la ideología nazi fueron no solamente abundantes sino también, y en numerosos casos, determinantes para el desarrollo de su política visionaria. Vamos a retrotraernos al año 1929 y a hacer una visita a una casa de la avenida Junot de París. Se trata de una vivienda que los propietarios utilizan para unas reuniones de corte más bien singular. Estamos hablando de una asociación de índole un tanto misteriosa y, por supuesto, sumamente restringida. Su nombre: Sociedad de los Polares.

La década de los años treinta vio nacer y desarrollarse en la capital de Francia una serie de sociedades que temían como característica fundamental el estudio de ciertos aspectos esotéricos del individuo, y manifestaban abiertas conexiones no solamente con el plano psicológico sino, en muchas ocasiones, con el político. La Sociedad de los Polares era una de ellas.

Esta misteriosa sociedad, cuyo nombre nos recuerda las aspiraciones místico-hiperbóreas de la ideología nazi, tiene un origen oculto cuyas características intentaremos explicar. Para ello es necesario que nos remontemos al año 1918, una fecha muy significativa en la historia de la Alemania del siglo XX, pues fue en ella cuando —coincidencia, acaso— se inició la andadura política de Adolf Hitler. Veamos lo que al respecto nos cuenta Jean Michel Angebert.

En aquel año de 1918 tuvo lugar el encuentro de dos misteriosos personajes: un importante industrial italiano muy versado en esoterismo cuya identidad nunca quiso revelarse y otro individuo de extraña procedencia. Este último informó al italiano de que había mantenido contactos en una aldea italiana con un enviado de la Gran Logia Blanca del Tíbet, al que se le conocía por el sobrenombre de «padre Juliano», pintoresco ermitaño que vivía al margen de todo contacto con los habitantes de la población. Este individuo disponía de grandes poderes, y se presentó a su interlocutor como un enviado de la Fraternidad de Helió-polis, veterana institución de sabios rosacruces. El denominado padre Juliano depositó en su interlocutor tanta confianza que le transmitió un método secreto para comunicarse con los sabios del Tíbet, agrupados en la logia de Agarta, institución que supuestamente guía a los poderosos del mundo.

En el transcurso de las comunicaciones telepáticas mantenidas por el industrial italiano con los sabios tibetanos, estos le informaron de que pronto se constituiría una sociedad protegida por el signo de la rosa y de la cruz. Para lograr tal fin era necesario que previamente se reconstituyese la antigua Fraternidad de los Polares. Pero ¿qué era y qué pretendía esta sociedad de los Polares?

El escritor J. Marquès-Riviere, conocido por su abundante bibliografía sobre temas esotéricos y declarado antimasón, afirma que esta cruz, ya esté cubierta, o no con una rosa, tendría un notable parecido con la cruz gamada. En una de sus obras dice lo siguiente: «El señor omnipresente, según nos enseña la tradición, reinaba en otro tiempo en Occidente sobre una montaña, posiblemente situada en el Cáucaso, rodeada de grandes bosques. A través de sus "hijos espirituales" gobernaba el mundo en las cuatro direcciones. En aquellos tiempos existía "la flor sobre la svástica", es decir, la rosa sobre la cruz. Pero los ciclos negros han expulsado al señor del Oeste, por lo que de nuevo ha tenido que volver a Oriente. El señor omnipresente ha borrado la flor, quedando tan solo la svástica, símbolo del poder central, "la joya del cielo"».

La tradición esotérica quiere que en el futuro los sabios se trasladen nuevamente a Occidente. Para que esto pueda suceder el camino ha de estar preparado. En esto se basa la leyenda budista que propugna y desea que la próxima reencarnación de Buda, en forma del señor Maitreya, tenga lugar en Europa.

La cruz gamada representa a la rueda o disco solar en movimiento.

Pero retomemos las conexiones que tiene toda esta tradición esotérica con el nazismo. En 1918 Hitler se encontraba restableciéndose de sus heridas de guerra en el hospital militar de una pequeña localidad alemana. Allí fue, según confiesa en su obra *Mein Kampf,* donde tuvo la «visión» de la cruz gamada aparecida en la pared de su habitación. Tal vez se tratara de una simple imaginación. Lo cierto es que nuestros dos misteriosos amigos decidieron en 1929 formar la asociación esotérica de los Polares de la cual Rosemberg, el ya mencionado teórico del nazismo, escribió: «No resulta del todo imposible aceptar que en el lugar en donde hoy se baten las olas del Atlántico Norte arrastrando enormes icebergs, se alzara en otros tiempos un continente en el cual una raza muy evolucionada hubiera desarrollado una notable civilización y enviara a todo el mundo sus emisarios. Pero aun cuando no se pudiera demostrar la existencia de este continente de la Atlántida, sería necesario admitir la existencia de un centro nórdico de elevada civilización prehistórica».

Con estas palabras el autor de *El mito del siglo xx* nos revela una parte de la doctrina secreta de los nazis aceptando, al mismo tiempo, la existencia de la mítica Hiperbórea, de la cual habrían partido los arios rubios de ojos azules para civilizar y conquistar la Tierra. En este sentido los «Polares» serían los habitantes de aquel continente ártico que desapareció cuando los inesperados y cataclísmicos giros de nuestro planeta acarrearon la desaparición de aquel centro de civilización.

Dos importantes teóricos de marcadas tendencias ultraderechistas intervienen aquí para justificar, en cierto modo, las pretensiones nazis de una super raza, a la cual inevitablemente pertenecerían los puros arios germanos. El primero de ellos es Julius Evola (1898-1974), el segundo René Guénon (1886-1951).

Los teóricos inspiradores del ocultismo nazi

Julius Evola, filósofo, esoterista e ideólogo italiano es el autor de obras tan significativas como *El fascismo visto desde la derecha* o *Notas sobre el Tercer Reich.* Hombre de ideología profundamente anticristiana es paradójicamente un entusiasta del catolicismo medieval, ya que en él encuentra una especie de espiritualidad heroica, solar y viril, integradora de los elementos más válidos del antiguo paganismo de Roma.

En 1937 Evola publica *El misterio del Graal*, obra en la que estudia los fundamentos históricos más destacados de la tradición gibelina, y *El mito de la sangre*, que representa una verdadera antología de las teorías racistas. Ambas obras, como es lógico, tendrán un notable eco entre los «intelectuales» nazis, como es el caso de Rosemberg. Posteriormente, en 1941 y ya en pleno conflicto mundial, Evola publica *Síntesis y doctrinas de la raza*, en cuyas páginas afirma que las razas puras no existen más que en contados individuos; ello, sin embargo, no debe ser obstáculo para que la idea de raza pura sea considerada como un punto de referencia. Unas ideas que si bien no gustan demasiado en ciertos dirigentes del partido fascista italiano que glorifican la concepción de la raza italiana, gozan de la amplia simpatía de Benito Mussolini; no en balde algunos han calificado a Evola como «el mago del Duce».

Ciertos autores, entre los que hay que mencionar a L. Pauwels y J. Bergier, han considerado que Evola constituyó uno de los más destacados modelos de los nazis entregados al ocultismo. Fuera o no esto así, lo cierto es que los predicados de este pensador ultranacionalista italiano influyeron notablemente en los postulados del pensamiento nazi.

Los teóricos ocultistas nazis, entre los que Rosenberg era una figura señera, no dudaron en adherirse al pensamiento y a las teorías de Evola. Aunque cabría decir también que fue el pensador italiano el que se acopló en muchos casos al ideólogo nazi, generando toda una mística rebuscada que habría de desembocar inevitablemente en peligrosas teorías raciales de indudable contenido antisemita.

En una de sus obras más destacadas —*El misterio del Graal y la tradición imperial gibelina*— Evola alimenta los delirios nazis sobre el origen de la raza germana. Como ejemplo —entre otros muchos— vale la pena citar estas frases: «La localización del centro o sede oficial de la civilización olímpica se encuentra en una región boreal o nórdico boreal. Una tradición hiperbórea, en su forma original olímpica, o en sus resurgimientos de tipo "heroico", está en la base de acciones civilizadoras llevadas a cabo por razas que se propagaron por el continente euroasiático».

Por si estas afirmaciones no bastaran para estimular las ansias ocultistas nazis del origen de su «raza superior» germana, se hablaba de que los Polares eran los continuadores de la tradición boreal, y tras una larga

Las Waffen SS gozaban de tener el mejor equipamiento y tecnología militar del III Reich, así como el acceso a las grandes armas secretas de Alemania.

permanencia en Asia, volverían a Occidente para dominar la escena del mundo.

Por lo que se refiere a René Guénon y a sus postulados sobre una raza superior y sobre la decadencia del pensamiento de Occidente no se pueden olvidar las palabras de los ya mencionados Pauwels y Bergier cuando afirmaban que el nacionalsocialismo era el guenonismo, al que había que añadir las «panzerdivisionen».

No cabe duda de que Hitler bebió a gusto en estas fuentes ocultistas que pronosticaban la supremacía y prevalencia de la pura raza aria. En 1929 el futuro Führer de Alemania, el favorito del grupo Thule y discípulo de las pintorescas teorías de Hörbiger y seguidores, está convirtiéndose en el auténtico líder de la Alemania nazi. Su éxito entre las masas es inmenso y un año después, en 1930, logra que 107 de sus diputados ingresen en el Reichstag. Empieza a resultar imparable la sombra de la cruz gamada, extendiéndose sobre toda Alemania, que se convierte en el centro de Europa y en el semillero místico de innumerables sociedades secretas.

De nuevo, la influencia de los «Polares»

¿Y qué sucede con la extraña institución de los Polares? Pues que sus pensamientos corren en una sola dirección; porque las advertencias de «los sabios» no dejan lugar a dudas. Es necesario darse prisa, teniendo en cuenta que las teas encendidas de la guerra van a azotar a muchos países de la Tierra, y que entonces «habrá que reconstruir lo que la sed de oro y el egoísmo de los hombres ha contribuido a destruir». ¿Se está haciendo una profecía de la Segunda Guerra mundial, que parece estar a las puertas?

Entre las advertencias y consejos de estos sabios ocultos se encuentra el aviso del peligro que ocasionará la inminente presencia de «un caballero occidental» que unirá en sus manos la espada de la acción y la espada del espíritu. Sorprendentemente, será Adolf Hitler quien habrá de autoproclamarse ese providencial «caballero» de la nueva Alemania, el ser destinado a instaurar el imperio de los mil años.

Pero será en París en donde tendrá lugar la gestación de esta intriga. Son muchas las figuras conocidas de los medios esotéricos que se entusiasmarán con las predicciones de los Polares. Y de nuevo encontramos entre ellas a René Guénon, quien se constituye en un auténtico adalid de la «tradición hiperbórea», consolidando en cierto modo las advertencias de los Polares.

En 1929 se estableció en Berlín un misteriosos lama tibetano al que se le conoció con el pintoresco apelativo de «el hombre de los guantes verdes», ya que había pertenecido a la misteriosa «Sociedad de los Verdes». Este personaje, que en su momento se había entrevistado repetidas veces con Hitler, hizo un anuncio que se cumplió a rajatabla: anticipó el número exacto de diputados nazis que serían elegidos para el Reichstag.

Al parecer, y según se comentaba entre los nazis más o menos «iniciados», aquel misterioso individuo era un enviado de la Agartha* que venía a informar de futuros y trascendentales acontecimientos.

Pero volviendo a los Polares diremos que las curiosas predicciones del «enviado de la Agartha» parecieron verse confirmadas por la Historia. En 1929 el citado personaje hablaba de la toma del poder político de Alemania por parte de un «Instructor» enviado por entes misteriosos que detentaban grandes poderes. Pese a la oscuridad que pudiera rodear todos estos vaticinios el hecho es que, tras los primeros éxitos del nazismo, Hitler es nombrado canciller en 1933, justamente el mismo año que «el hombre de los guantes verdes» había vaticinado. ¿Hasta qué punto se podría interpretar que ese Instructor era el propio Adolf Hitler?

Sea como fuere, los Polares deberán esforzarse para preparar la venida de ese misterioso Instructor. Su oráculo les insta a ello: «Trabajad obstinada y tenazmente para que podáis conocer a "Aquel que espera.. Aunque hoy sea desconocido mañana será uno de los grandes…"» Recordemos que en esos años 20 Hitler, prácticamente desconocido en Europa, está cumpliendo prisión en la fortaleza de Landsberg.

Zam Bothiva, el ocultista autor del opúsculo «Asia Misteriosa», afirma: «No cabía la menor duda: el hombre enviado por los maestros invisibles y "Aquel que espera" son la misma persona. Para todos estos

---

* Agartha es un reino legendario que, según la escritora ocultista Helena Blavatsky (1831-1891), se encuentra en las profundidades del desierto de Gobi. La capital de esta región es Shambala. Varios son los escritores ocultistas que hablan de la existencia de esta ciudad legendaria, cuyos habitantes poseían una tecnología sumamente avanzada. (Nota del autor.)

pronosticadores ocultistas el "iniciado" Adolf Hitler sería "el guía de la raza aria para el presente ciclo".» Y todavía hay más. Según la secta de los Polares —y, más concretamente, según lo que predica Zam Bothiva en su obrita «Asia Misteriosa»— los atributos terrestres del misterioso individuo al que se conoce como «Aquel que espera» son siete*: Poder, Palabra, Religión, Mando, Sabiduría, Justicia y Objetivo.

Una breve dilucidación nos llevaría al hecho de que Hitler podría incorporar cuatro de estos atributos: obtuvo el Poder haciéndose el amo de Alemania; dominó a sus numerosos auditorios con la elocuencia magnética de su Palabra; y, por último, fundó lo que podría entenderse como una proterva Religión cual fue el movimiento nazi, en el que había una especie de culto solar, con la svástica y el «templo» de Nuremberg. Por lo que se refiere al Mando no cabe la menor duda, ya que fue el jefe supremo del ejército. En cuanto a los tres últimos atributos menester es reconocer que no formaron parte de él, ya que la Sabiduría, la Justicia y el Objetivo se vieron desvirtuados, pues utilizó en provecho propio los poderes que le pudieran haber sido confiados y lo hizo de forma arbitraria, despótica e ignominiosa.

El ya mencionado Zam Bothiva fue elegido jefe del grupo de los Polares, cuyas actividades se mantenían en el más completo de los secretos. Los estatutos de la Sociedad permanecían preservados por el carácter esotérico que los regía, si bien se ha llegado a saber que una de las condiciones para pertenecer al grupo era necesario ser capaz de desarrollar las llamadas «vibraciones rojas», un tipo de energía que permitía el establecimiento de comunicaciones con el poderoso oráculo del Tíbet, quien establecía todas las actividades de la Sociedad. Para dirigir la secreta Orden de los Polares se escogió un Gran Maestre, al que sucedió un obispo de la iglesia cátara de los gnósticos. Esta iglesia había sido fundada por Fabre des Essarts, conocido como el «patriarca Sinesio»**.

---

* El siete, en Numerología, está compuesto por la unión del ternario y el cuaternario, por lo que se le atribuye un valor excepcional. (Nota del autor.)

** Fabre des Essarts (1848-1917), escritor y articulista masón, fue colaborador del también ocultista Saint-Yves d'Alveydre y ocupó distintos puestos dentro del llamado «proyecto sinárquico», planteamiento filosófico que pretendía un nuevo orden de la Sociedad. Se auto nombró obispo de la Iglesia gnóstica, entidad que pretendía remontarse hasta los albigenses. A esta congregación perteneció también René Guénon. (Nota del autor.)

Zam Bothiva estuvo siempre muy influido por el catarismo, influencia que le llevó a explorar el castillo de Montségur, en el Languedoc, con la esperanza de encontrar entre sus ruinas el místico Grial. Sus aspiraciones no tuvieron éxito pues para llevar a cabo las investigaciones eran necesarios unos fondos que nunca llegaron a reunirse.

No debe marginarse el hecho de que con esta Sociedad o Fraternidad de los Polares pudo estar vinculado, de alguna manera, Otto Rahn, aquel enviado del llamado «sacro colegio hitleriano» que asimismo viajó por el país de los cátaros para tratar de descubrir los supuestos tesoros enterrados en las ruinas de la fortaleza de Montségur.

Los entresijos de la esvástica

Al considerar ciertos aspectos del ocultismo nazi es imposible obviar la elección, por su parte, de la esvástica o cruz gamada que constituye uno de los símbolos más ancestrales de la historia de la Humanidad; símbolo que fue manipulado torpemente por el movimiento nazi, motivando así que fuera lamentablemente aborrecido desde entonces por todos los espíritus democráticos.

El origen de esta cruz, que no tiene otra significación más que un claro simbolismo solar, se pierde en la nebulosa de la Historia. Hemos de remontarnos hasta la India de los Vedas para situar sus primeras representaciones, si bien ciertas tradiciones brahmánicas aseguran que su origen es todavía mucho más remoto. Por su parte, algunos estudiosos tradicionalistas no tienen reparos en hacer de la cruz gamada un emblema de los míticos atlantes e, incluso, vincularlo a los tiempos todavía más antiguos del fabuloso continente de Lemuria.

Pero dejando a un lado estas suposiciones de dudosa base histórica, es interesante reconocer que en este símbolo gráfico, como afirma Juan Eduardo Cirlot, resaltan dos elementos gráficos: la concreción y el dinamismo. La esvástica aparece históricamente en todas las culturas más primitivas y antiguas del mundo, ya sean hindúes, micénicas, etruscas o celtas. Asegura el citado autor que el poder sugestivo de esta cruz es grande porque integra dos símbolos muy efectivos: la cruz de brazos iguales y los cuatro ejes en una misma dirección rotatoria. La esvástica de cuatro ramas en ángulo recto recibe también el nombre de *cruz gamada* porque

En sánscrito la palabra svástika significa literalmente
«lo que conduce al bienestar».

puede formarse juntando las cuatro letras gamma griegas. Según ciertos autores, en la edad de hierro la esvástica representaba al dios supremo; en todo caso, y ya desde la Edad Media, este símbolo corresponde al movimiento y a la fuerza solar. Por lo que se sabe, la esvástica más antigua corresponde a un sello encontrado en India que tiene una antigüedad de cuatro mil años.

Volviendo al hipotético continente de Lemuria, equivalente asiático de la Atlántida, que estaría situado entre las islas Filipinas y las Marquesas, la escritora ocultista madame Blavatski, autora de la extensa obra *La doctrina secreta,* da por sentado su existencia al referirse a la historia de la Humanidad desde sus más remotos orígenes.

Otro de los autores que se refieren a estas legendarias tierras es James Churchward, quien en una de sus obras hace una «minuciosa» descripción de ellas. El autor (tal vez llevado por su frondosa imaginación) asegura haber obtenido de un maestro hindú unas tablillas en las que se relata la historia de este fantástico continente de Lemuria o Mu. Churchward no se amilana al dotar al «imperio de Mu» de una antigüedad de más de doscientos mil años, centrando el apogeo de aquella extinta civilización en más de setenta mil años antes de nuestra era.

Pero las cosas adquieren un tinte netamente racista cuando uno de los personajes de la obra manifiesta sin ambages la superioridad de la raza blanca. En su obra *Mu, le continent perdu* Churchward afirma que este continente perdido es la tierra originaria de los primeros hombres, y que existen documentos que prueban la colonización de ciertos territorios americanos (México y algunos países de América Central) por estos pueblos procedentes de Mu, el continente situado en pleno Pacífico. Llevado por su ardor racial Churchward nos asegura que aquellos colonos de Mu eran blancos y rubios. Tras algunas contingencias estos individuos tuvieron que emigrar al Este y terminaron estableciéndose en el norte de Europa, más concretamente en la actual Escandinavia. De ahí procedería la cruz gamada, o esvástica, que habría sido un símbolo importante en el continente de Mu y, por extensión, de todos los pueblos germánicos.

Esta cruz gamada parte de uno de los primeros signos empleados por el hombre, la cruz ordinaria, que es una representación de las cuatro direcciones espaciales. Posteriormente este signo original se rodeó de un círculo, o huevo solar, dando pie a la esvástica que es una representación de la evolución constante de la rueda de la vida. Así pues esta cruz gamada o esvástica es, además de un signo solar, una representación del centro o del eje del mundo. Para los ocultistas nazis este *axis mundi* se encontraría en Thule.

El ya mencionado René Guénon también se refiere al origen de la esvástica cuando afirma que esta cruz parece enlazarse de forma directa con la tradición primordial. No es de extrañar por tanto que Hitler, en su delirio racial, quisiera escogerla como emblema de su partido.

Más apuntes sobre la esvástica

Se han desarrollado variadas teorías sobre esta famosa cruz y su contradictorio significado. Tomemos la bandera nazi en la que la cruz tiene una orientación dextrógira, es decir, hacia la derecha. A este respecto se ha afirmado que tal orientación de Oeste a Este constituía una inversión de su orientación normal y que, por tanto, correspondía a las *fuerzas negras* que, en el caso de la Alemania nazi, apoyaban a Hitler en su lucha contra el bien.

En realidad, como apunta J.M.Angebert, la cruz gamada suele representarse indistintamente en su movimiento dextrógiro, hacia la derecha, o levógiro, hacia la izquierda. Esta orientación se puede observar en las cruces halladas en India y Tíbet sin que manifiesten una determinada significación. Lo que sí conviene notar es que «la sauvástica (cruz levógira) simboliza la marcha del tiempo. Así pues, quien invierte el signo pretende también parar el tiempo. Ello corresponde de manera perfecta a la ética de Hitler que pretendía parar durante un milenio la degeneración anunciada para la última edad de nuestro ciclo, denominado por los hindúes *kali yuga*, o edad del hierro». En la ideología —más o menos esotérica— nazi se manifestaba un claro esfuerzo por detener este periodo de deterioro y preparar los tiempos futuros para la aparición de una raza de superhombres, intento que resultó vano como la Historia demostró de forma palpable.

La cruz gamada tuvo una gran difusión entre las culturas primitivas, y podemos encontrarla indistintamente tanto en Oriente como en Occidente, si bien solamente sigue considerándose un signo de contenido sagrado en este último hemisferio. Por lo que concierne a Europa la utilizaron profusamente los druidas, en los tiempos célticos, que la solían colocar en sus altares y santuarios. Pero volviendo a sus manifestaciones más antiguas es en la India, como queda dicho, en donde se la puede encontrar más abundantemente. En este sentido los brahmanes la utilizaban para producir el llamado «fuego sagrado». Otros autores la consideran un símbolo vital, una representación de la alegría y de la energía. En el Tíbet se la puede ver en la entrada de muchas viviendas, y los lamas la consideraban un signo místico de gran valor en el que veían una referencia al llamado «rey del mundo», soberano invisible de la Tierra.

Como podemos apreciar esta idealización de la cruz gamada viene de antiguo y tuvo innumerables connotaciones, desde la utilización que de ella hizo Gengis Kan, como signo de poder, hasta las interpretaciones místicas de autores ocultistas modernos, como es el caso de Saint-Yves d'Alveydre que en una de sus obras afirma que el llamado maestro de la Agarta posee un sello con la cruz gamada.

La importancia de la esvástica o cruz gamada fue resaltada en la Edad Media por movimientos religiosos que se inclinaban por una ideo-

Los desfiles, con gran profusión de estandartes y banderas,
trataban de cautivar al pueblo alemán.

logía más o menos esotérica. Tal fue el caso de los cátaros bogómilos de los Balcanes en cuyas creencias tenía una clara importancia el culto solar, culto del que habrían de participar en buena medida los caballeros templarios. Estos últimos, que gustaron del empleo de signos de corte esotérico, no desdeñaron tampoco la cruz gamada.

La utilización en Occidente de este símbolo desaparece en buena medida a partir del siglo XVII, y habrá que esperar al auge del nazismo con su vertiente ocultista para que resurja en Europa un símbolo que parecía haberse extinguido definitivamente. Repasemos brevemente cómo tuvo lugar su reinserción en ese ámbito político.

Corría el verano de 1920 y Adolf Hitler se proponía dar forma a la estructura y a los símbolos de su naciente partido nacionalsocialista. El escritor y periodista norteamericano William L. Shirer, autor de *Rise and Fall of the Third Reich* (*Ascenso y caída del Tercer Reich*) comenta en su libro que el joven Hitler, tras su fracaso como artista en la Escuela de Bellas Artes de Viena, y ya metido de lleno en el mundo de la política, se había convertido en poco tiempo en un auténtico maestro de la propaganda.

A juicio del que andando el tiempo se convertiría en el Führer de la Alemania nazi, a su joven partido le faltaba un emblema, un símbolo que de forma clara expresara el pensamiento y los ideales de su nueva formación política y que, al mismo tiempo, resultase atractivo para sus seguidores. Se trataba por tanto de encontrar la bandera, el estandarte cautivador que pudiera conmover a un pueblo.

La tarea no se presentaba fácil y Hitler tuvo que descartar varios intentos de diseño antes de dar finalmente con el emblema que consideraba más adecuado para su partido. La bandera escogida consistía en un disco blanco sobre fondo rojo en cuyo centro se encontraba la esvástica.

Al referirse al emblema nazi en su obra *Mein Kampf* Hitler no puede contener su entusiasmo y dice: «¡Se trata de todo un símbolo! En el color rojo vemos la idea socialista del movimiento; en el blanco la idea nacionalista, y en la esvástica tenemos representada la misión de la lucha por el triunfo del hombre ario».

Ya hemos comentado como la esvástica o cruz gamada es un símbolo sumamente antiguo, cuyas reproducciones en piezas de orfebrería e, incluso, en utensilios caseros pertenecientes a pueblos iranios e hindúes llegan a tener cinco mil años de antigüedad. Los budistas consideraban esta cruz como «el compendio de los signos de la fortuna, poseedor de diez mil virtudes, siendo también una de las sesenta y cinco figuras místicas que se atribuyen a cada una de las huellas de Buda». Muy lejos queda todo esto de lo que iba a representar este emblema en el futuro Tercer Reich.

Fue un personaje un tanto siniestro, un tal doctor Krohn, perteneciente a una de las muchas sociedades secretas que por entonces abundaban en Alemania, el que hizo los diseños definitivos del emblema nazi. Sabedor de la significación que podía tener cualquier alteración en el giro de las aspas de la cruz así se lo hizo ver a Hitler que no pareció dar importancia a la modificación. La suerte estaba echada.

4

Los contrastes

Los misteriosos cadáveres tibetanos

En la primavera de 1945 la guerra estaba a punto de terminar con la derrota definitiva de la Alemania nazi. Pese a ello, Hitler con su alterada y demente voluntad, intentaba mantener a toda costa la oposición al ya imparable avance de las tropas aliadas. En Berlín los poderosos ejércitos alemanes de otros tiempos se veían reducidos a unas mal entrenadas milicias de jóvenes fanáticos que, mandadas por militares cansados, luchaban desesperadamente en los suburbios de una ciudad en ruinas. El tan cacareado Reich milenario estaba a punto de fenecer hundido bajo montañas de escombros humeantes. Las tropas americanas e inglesas avanzaban entre las ruinas de una ciudad prácticamente conquistada. Los rusos, por su parte, iban tomando el este de la ciudad, casa por casa y calle por calle, con el fin de establecer contacto con sus aliados.

Y fueron precisamente estas tropas rusas las que al avanzar por la zona este de la ciudad se toparon con una auténtica sorpresa: entre los cadáveres de los soldados alemanes se encontraba un gran número de cadáveres de individuos de raza oriental, más concretamente tibetanos. Pauwels y Bergier mencionan este hecho insólito, cifrando los cuerpos hallados en casi un millar. Eran individuos que llevaban el uniforme alemán pero que no mostraban en él ninguna insignia que pudiese indicar su graduación. Este sorprendente hallazgo también lo ratifica el escritor y periodista Maurice Bessy en sus memorias sobre la guerra. Analicemos con más detalle esta curiosa historia.

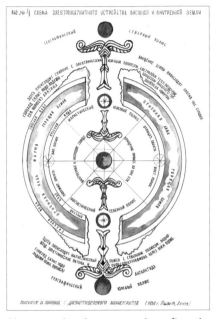

Varios estudios de posguerra han afirmado
que bajo la influencia de Haushofer
y la Sociedad Thule, Alemania envió
expediciones anuales al Tíbet desde 1926
hasta 1943. Su misión era encontrar
y mantener contacto con los antepasados
arios en Shambala y Agartha.

El Tíbet constituyó durante muchos siglos una tierra misteriosa para los europeos, una especie de centro mágico del planeta del que apenas si se tenía más que vagas noticias. Una de las primeras expediciones europeas fue la del teniente coronel Sir Francis E. Younghusband que en 1919 había sido elegido presidente de la Royal Geographical Society, y dos años más tarde presidente del Comité Everest. En 1938 Younghusband animó al expedicionario alemán Ernst Schäfer para que llevara una expedición alemana al Tíbet, de la que se sabe muy poco. Younghusband, hombre de cierta ideología mística, llegó a firmar un acuerdo anglotibetano con el que pretendía establecer una corriente de información entre los dos países, un proyecto que apenas consiguió resultados prácticos dadas las enormes diferencias de todo tipo que los separaban.

La religión del Tíbet es una variante del budismo que, dadas sus notables diferencias con la religión original hindú, suele denominarse «lamaísmo». Hasta la invasión china de 1950 el Tíbet fue una de las regiones más apartadas del planeta, y de la que se tenían muy vagas noticias. La vida religiosa del país estaba centrada en sus múltiples monasterios, muchos de los cuales resultaban prácticamente inaccesibles. Pero el pueblo tibetano vivía en íntimo contacto con su religión, hasta el punto de que uno de cada tres varones se hacía monje. El país se gobernaba por una especie de monarquía religiosa que se atenía a un sistema de sucesión basado en la reencarnación. El jefe del gobierno era el Dalai Lama, jefe temporal y espiritual del país. A su fallecimiento, se procedía a realizar una serie de operaciones mágicas tendentes a encontrar un sucesor en el que se habrían apreciado las características necesarias demostrativas de que en él se había reencarnado el lama fallecido.

De forma paralela al lamaísmo, que constituía la religión oficial del Tíbet, seguía perviviendo en el país —especialmente en las zonas rurales— otra de orígenes más remotos: la religión *bon*. Se trataba de un tipo de creencia animista que estaba plagada de hechizos. Sus sacerdotes gozaban de gran reputación de magos. Todo ello conformaba para el pueblo tibetano un mosaico religioso en el que primaban tradiciones ocultistas, si bien eran los sacerdotes de estos cultos los que se reservaban aquellas prácticas y conocimientos más esotéricos.

Ya en la segunda parte del siglo xix la escritora de origen ruso H.P. Blavatsky* había visitado el remoto Tíbet y regresó a Occidente trayendo unas sugerentes teorías que hablaban de las enseñanzas secretas tibetanas. La autora mencionaba la existencia de unos maestros ocultos que residían en el Himalaya, y que el Tíbet era realmente el hogar de una raza de superhombres.

Ciertos autores señalan que destacadas figuras del movimiento nazi, llevadas por sus fuertes inclinaciones de índole esotérica, organizaron costosas expediciones al Tíbet; unas expediciones que siguieron realizándose de forma ininterrumpida hasta bien entrado 1943. Recordemos en este punto que una de las muestras más claras del interés nazi por el mundo oculto de aquella remota región asiática fue la adopción por el partido de uno de los símbolos tibetanos de contenido más profundo y místico: la esvástica.

---

* Helena Petrovna Hahn, de casada Blavatsky, (1831-1891) famosa ocultista rusa, conocida popularmente como *madame Blavatsky,* fue la fundadora de la Sociedad Teosófica y una de las figuras más representativas del ocultismo y del esoterismo del s.XIX. Aventurera y charlatana para unos y mujer de increíbles conocimientos para otros, la señora Blavatsky constituye todo un símbolo para miles de seguidores en todo el mundo como autora de dos famosas obras en las que expone su pensamiento teosófico, *La doctrina secreta* e *Isis sin velo*. Esta última es una obra extensa, publicada en dos tomos, que tuvo tal éxito que su primera edición se agotó en unos días. Hay un hecho muy singular referente a esta obra. Presumiblemente, la autora careció de la documentación necesaria para su redacción. Si a ello hay que añadir que su aparente formación científica y filosófica era más bien escasa, la realización de un tratado tan extenso y complejo resulta sumamente enigmático. (Nota del autor.)

Para los ocultistas la utilización indebida o equivocada de un símbolo que encierra determinada fuerza puede acarrear demoledoras consecuencias. Y si bien casi todas las fuentes de energía mágica son esencialmente neutras, también es cierto que pueden resultar peligrosas para aquellos que ignoren las técnicas adecuadas para controlar dicha energía. Existen, además, otro tipo de energías de las que no se suele hablar y que los ocultistas consideran que son la esencia del mal. Los cabalistas, por ejemplo, las asocian con una inversión, o alteración de los *sefirot* (conjunto de las diez *sefira* o emanaciones de Dios, según la Cábala) del Árbol de la Vida. Y si tenemos en cuenta que las energías neutras o benévolas pueden ser evocadas mediante el empleo adecuado de ciertos símbolos, también las fuerzas del caos pueden evocarse si se invierten inadecuadamente los símbolos.

Esta inversión tiene su ejemplo más conocido en la llamada «misa negra», que ha de ser celebrada por un sacerdote previamente excomulgado, y que realiza la ceremonia para un grupo de católicos renegados. Digamos unas palabras sobre esta tortuosa celebración.

Los oficiantes de este tipo de ceremonias, los satanistas, aceptan el hecho de que la misa católica es la más conspicua expresión ritual de magia blanca capaz de originar fuertes corrientes de esa clase de magia. Teniendo esto presente, es lógico pensar que si se invierte todo el proceso de la misa se estará en capacidad de evocar las energías satánicas. Para lograrlo los satanistas se valen de una serie de actuaciones que serían consideradas por todo buen católico como particularmente blasfemas. Se recomienda entregarse a la gula y a la lujuria como preparación a la misa. El altar sobre el que se realizará la ceremonia habrá de ser el cuerpo de una mujer desnuda y, de

Aristócrata rusa de origen germano, las extravagantes ideas de Helena Petrovna Blavatsky inspirarán la doctrina Teosófica que tanta influencia tendrá en la élite cultural del NSDAP (Partido Nacional Socialista de los Trabajadores Alemanes).

ser posible, prostituta. El crucifijo se coloca en posición invertida y los componentes sacrales de la ceremonia católica, como pueden ser el vino y la hostia, se sustituyen por elementos inmundos.

Dejando a un lado esta llamativa manifestación de ceremonia satánica, recordemos que Hitler nació en el entorno de una familia católica, dato que tiene un claro eco en el hecho de que las Juventudes Hitlerianas adoptasen una serie de ritos ceremoniales que tenían un notable parecido con las ceremonias católicas y, en especial, con la misa.

Por último, al revisar la importancia que tuvieron estas influencias esotéricas en el entramado simbólico del nazismo, hemos de considerar nuevamente el significado del símbolo nazi por antonomasia: la cruz gamada o esvástica a la que ya nos hemos referido. Esta cruz es un manifiesto símbolo solar que está caracterizado por un supuesto movimiento rotativo cuya alteración puede acarrear fatales desgracias. Como queda dicho, la representación de este signo fue malinterpretada por las jerarquías nazis que no tardarían mucho en sentir sus consecuencias.

El maestro de los prodigios

Cuando se toca el complejo tema del submundo esotérico nazi, del que como estamos comentando fueron muy adictos numerosos jerarcas del Partido, viene a cuento a la hora de revisar sus conexiones con el ultraconservador ocultismo oriental, poner de relieve a una figura singular que marcó a no pocos personajes de la Europa de los primeros decenios del siglo xx. Vamos a analizar seguidamente algunas de las características de este insólito individuo.

Alrededor de 1880 arribó a la capital del Tíbet un lama joven. El rasgo diferencial de este recién llegado era el no pertenecer a la etnia tibetana. Procedía de una zona vecina al lago Baikal, en la zona esteparia de la Siberia rusa; era por tanto ruso, si bien ruso asiático. Varios fueron los nombres que recibió este joven lama en el transcurso de su estancia en Lhasa; nombres o apelativos a los que él añadió varios más que crearon no poca confusión respecto a su identidad. En todo caso, en Rusia era conocido por H.A. Dorzhieff o, simplemente, por Dorjieff

No tardó mucho el nuevo lama en entrar en uno de los centros monásticos más famosos del Tíbet, el monasterio de Drepung, en donde

permaneció varios años dedicado al estudio de materias de tipo filosófico y, al parecer, ajeno a las intrigas políticas que se urdían en aquel centro. Su entrega al estudio y su innegable capacidad para las relaciones
humanas no pasaron desapercibidas a sus superiores que pronto le encomendaron su primera misión fuera del monasterio: recoger las donaciones económicas de las congregaciones budistas existentes en las provincias más orientales de Rusia.

La competencia mostrada por Dorjieff en su cometido y, más especialmente, la influencia que pronto pareció conseguir sobre los tártaros
de la zona del Baikal, llamó la atención de las autoridades rusas que
quisieron utilizar las dotes diplomáticas del joven monje para sus propios fines políticos. Una influencia rusa en Tíbet podía resultar importante para la consolidación de su hegemonía en Asia Central. Las maniobras diplomáticas llevadas a cabo no pasaron desapercibidas a
Inglaterra, que tenía bases militares en el vecino estado de Sikkim y que
veía peligrar su influencia en aquella remota región de Asia.

A lo largo de la crisis surgida entre tibetanos, ingleses y rusos el papel desempeñado por Dorjieff fue muy destacado. Viajó repetidamente
a Moscú en 1901 y, al parecer, intervino directamente en las negociaciones que se llevaron a cabo entre el Dalai Lama y los ingleses. Estas negociaciones no lograron finalmente un acuerdo, y la situación se complicó
hasta el punto de que los ingleses invadieron el Tíbet en 1904.

A causa de la invasión británica, Dorjieff abandonó momentáneamente el país retirándose a Mongolia en donde residió algún tiempo.
Posteriormente, cuando los ingleses dejaron el Tíbet regresó al país y allí
conoció a Karl Haushofer —personaje del que ya hemos hablado, y del
que inevitablemente volveremos a hablar— que estuvo visitando la región durante bastantes años.

En la década de 1920 Dorjieff, que ya había abandonado Tíbet, se
encontraba en Francia y empezaba a ser famoso a nivel internacional
por sus charlas y técnicas de corte psicológico. Fue entonces cuando el
antiguo monje dejó de utilizar el nombre por el que había sido conocido,
y que no era más que uno de los múltiples seudónimos, y recuperó el
suyo propio: George Ivanovitch Gurdjieff.

Gurdjieff es, posiblemente, la figura ocultista más fascinante del siglo xx. Sus enseñanzas, que tuvieron notable eco en amplios sectores de
la intelectualidad de la primera mitad del siglo, poseían un contenido

psicológico que se puede considerar como verdaderamente revolucionario. La base de su doctrina o enseñanza psicológica se centraba en el convencimiento de que los seres humanos, en su inmensa mayoría, vivimos en un estado de ensoñación. No somos libres sino producto de las circunstancias; y aunque creamos estar despiertos y ser dueños de nuestras acciones, la realidad es muy otra. Para despertar de ese estado

George Ivanovitch Gurdjieff está considerado uno de los maestros espirituales más controvertidos de nuestro tiempo.

semi letárgico o de ensoñación que constituye el grueso de nuestras vidas es necesario practicar «el recuerdo de sí mismo», crear en uno mismo el hábito de la autoconsciencia.

No es éste el lugar indicado para extendernos acerca de los métodos establecidos por Gurdjieff para conseguir el despertar de la conciencia. Digamos solamente que sus teorías —y, sobre todo, los ejercicios que proponía a sus discípulos y seguidores— pretendían llevar al ser humano a un nivel superior de desarrollo psicológico. No obstante, el poner en práctica esas teorías y los ejercicios preconizados no constituían, en absoluto, una tarea fácil y fueron muchos los que se vieron imposibilitados para llevarlos a cabo. A este respecto y a título meramente anecdótico diremos que tanto el aspecto como la resistencia física de Gurdjieff —capaz de superar heridas de bala y accidentes que hubieran conducido a la muerte a cualquier persona— hablaban de un ser fuera de lo corriente.

Cabe dentro de lo posible colegir que el contacto que Haushofer llegó a tener en el Tíbet con este sorprendente maestro ocultista influenciara en las teorías nazis del superhombre. Según afirmó en su momento Hermann Rauschning, uno de los líderes nazis de Danzig, Hitler le comentó en una ocasión que el superhombre no era una simple teoría sino una auténtica realidad, y que su presencia inspiraba pavor. No es, por tanto, descartable que pudiera estar refiriéndose a Gurdjieff, el maestro ocultista que en muchos aspectos encarnaba ese tipo de ser.

Los entresijos del grupo Thule

En el año 1918, con una Alemania arruinada por la Gran Guerra, un grupo de ideología racista con ribetes ocultistas creó en aquel país una organización más o menos secreta: la *Thulegesellschaft* o Sociedad Thule, ya mencionada en páginas anteriores al referirnos al referirnos al esoterismo nazi. El fundador de esta organización fue el barón Rudolf von Sebottendorf del que hablaremos seguidamente.

En principio, los intereses de la Sociedad recién creada se centraban en reivindicar los orígenes de la raza aria. El grupo Thule —cuyo nombre procedía de una región que el poeta romano Virgilio, en su *Eneida*, había situado en los confines septentrionales de Europa—, era una especie de emanación de otra sociedad iniciática que se había fundado seis años antes, la Orden de los Germanos.

Rudolf von Sebottendorf, alias de Alfred Rudolf Glauer, fue un personaje un tanto extraño. Nacido en la localidad silesia de Hoyerswerda, en 1875, era hijo de un ingeniero de ferrocarriles. Tras haberse matriculado en un centro universitario de Berlín emprende, siendo todavía muy joven, su vida aventurera viajando a Egipto, en donde trabajará durante tres años y en donde descubrirá su interés por el ocultismo, la masonería y la Cábala, materias en cuyo conocimiento profundizará cuando se traslade a Turquía. En Estambul logra hacerse un puesto en el Gobierno y se relaciona con adineradas familias judías que le permitirán ampliar sus conocimientos sobre la Cábala y la Alquimia.

Al parecer, en 1909 conoció al barón Heinrich von Sebottendorf quien, tras adoptarle, le nombró su heredero. A partir de ese momento Glauber se hará llamar por su nuevo nombre e incluirá el título. Tras intervenir en el conflicto de los Balcanes, el flamante barón de Sebottendorf siguió profundizando en sus estudios esotéricos, sin dejar de lado intensos ejercicios de meditación a los que se hará muy aficionado y de los que hablará con entusiasmo.

En 1913 Sebottendorf se instala nuevamente en Alemania, estrecha lazos con grupos esotéricos y financia investigaciones militares. Tres años más tarde, en 1916, entra en contacto con la llamada Orden de los Germanos, institución político-esotérica de corte ultranacionalista en la cual pronto ocupará un importante cargo. Poco después, en 1918, funda la Sociedad Thule que pronto inicia sus actividades políticas sin olvidar por lo demás sus raíces esotéricas, como lo demuestra el hecho de que sus grupos estudiaran obras clásicas como los *Versos de Dzyan*,* pieza clásica de la doctrina secreta de la señora Blavatski y uno de los fundamentos de las teorías ocultistas.

Entre los miembros destacados de la Sociedad, o Grupo, Thule figuraron Hitler y Himmler que se integraron en la Sociedad en el mismo año de su fundación. Posteriormente siguieron su ejemplo Göering y Rosenberg. Según afirma Louis Pauwels los trabajos del Grupo Thule incluían un método adivinatorio para el que era necesaria una baraja esotérica especial de origen tibetano. Al parecer Hitler disponía de una de estas barajas que utilizaba para esclarecer el futuro de sus decisiones militares y mantener contacto con el jefe secreto de la Sociedad.

Las acciones políticas de la organización Thule sufrieron un serio percance cuando en 1919 algunos miembros intentaron llevar a cabo un ataque contra la llamada República de Baviera. A consecuencia de esta acción fueron detenidos, juzgados y fusilados varios integrantes de la Sociedad entre los que figuraba la secretaria de la misma, la condesa Von Westarp. La responsabilidad del fallido ataque recayó sobre Sebottendorf que se vio obligado a huir de Alemania.

Ya en Turquía nuestro hombre publica diversas obras sobre masonería y alquimia y se convierte en cónsul honorario de Méjico, país al que visita por cuestiones comerciales entre 1929 y 1931. Dos años más tarde decide regresar a Alemania con ánimo de resucitar la Sociedad Thule y, poco después, publica una obra polémica que habrá de causarle nuevos problemas: *Antes de que Hitler llegase: Documentos de los primeros días del nacionalsocialismo*. En este libro se afirmaban el vínculo que, presumiblemente, tenía la Sociedad Thule con el recién formado NSDAP (Partido Nacionalsocialista Obrero Alemán); y no sólo eso, sino que muchos de los postulados que aparecían en la obra *Mein Kampf* habían partido de principios establecidos por la Sociedad. Son afirmaciones que

---

* Los *Versos de Dzyan*, o el llamado *Libro de Dzyan*, es una obra de origen tibetano a la que se le atribuye una notable antigüedad, hasta el punto de que algunos ocultistas lo consideran el primer libro de la Historia. Parte de ese texto sirvió como base a la señora Blavatski para componer su obra *La doctrina secreta*. Supuestos versos de esta obra fueron publicados posteriormente por Alice Bailey —notable ocultista inglesa, fundadora de la *Escuela Arcana*— en uno de sus libros. (Nota del autor.)

nada gustan a los nazis, por lo que un Sebottendorf acosado se ve obligado a abandonar Alemania lo antes posible. Pero volvamos a la Sociedad Thule y a sus entresijos. No cabe duda de que esta institución daba cabida en su seno a toda una variada gama de doctrinas racistas y antisemíticas con ribetes ocultistas, como sucedía con la asociación «Unión del martillo», entre cuyos miembros figuraron notables jerifaltes del partido nazi. Pero, básicamente, la Sociedad aceptaba muy a gusto los postulados esotéricos propugnados por Sebottendorf que muy frecuentemente estaban trufados con ideologías de otros grupos ocultistas como podían ser la Sociedad Teosófica, fundada por la señora Blavatsky o las creencias de Guido von List o de Lanz von Liebenfels.

La Sociedad Thule, al igual que la Orden Germánica —hasta cierto punto su antecesora— tenía cierto paralelismo con las logias masónicas. No obstante, muchos de los miembros de la Sociedad consideraban que la masonería se había corrompido por sus conexiones con el judaísmo y los movimientos sionistas, mientras que su organización pretendía mantenerse en estrictos cánones arios. Sebottendorf, en sus idealizadas disquisiciones teóricas, establece vínculos entre la sabiduría y el conocimiento que tuvieron los antiguos constructores de catedrales, los alquimistas y los rosacruces con el que poseyeron los antiguos arios.

Por lo demás, el animador del grupo Thule insistía en su deseo de crear una sociedad de corte ocultista e iniciático que tratara de estudiar la antigüedad germana. Esta pretensión no se contradecía, a su juicio, con la simpatía sentida hacia el Islam, una religión a la que auguraba un gran futuro. A este respecto Sebottendorf afirmaba que la vitalidad del Islam era mayor que la que podría manifestar el cristianismo, pues encontraba su fuerza en una iniciación *solar* que era común a muchas otras religiones como el zoroastrismo, la gnosis o el budismo.

Esta especie de filiación solar no podía ser ignorada por los nuevos señores de Alemania y, por supuesto, Hitler debería tenerla muy presente. «Era necesario —escribía Sebottendorf— que en esta perspectiva se recobrase el hilo del conocimiento perdido y el camino que lleva a la real Thule. Para hacerlo hay que utilizar las corrientes esotéricas tradicionales, las únicas que pueden reconstruir, página tras página, el gran libro de la epopeya de los arios».

Sebotettendorff se manifiesta discípulo de otro dirigente ultranacionalista: Theodor Fritsch. Fritsch, que ejerció una notable influencia sobre los movimientos antisemitas, era el autor del panfleto «Manual de la cuestión judía» o «Catecismo antisemita» en el que hacía referencia a una supuesta conspiración semita y pedía a los alemanes que no se mezclaran con los judíos. La obra, de la que se hicieron casi cincuenta ediciones, tuvo una notable difusión en Alemania e influyó notablemente no sólo sobre la ya mencionada Orden Germánica sino también sobre un Hitler que, tras la derrota alemana en la Gran Guerra, empezaba a significarse como líder ultranacionalista.

En 1914 los militantes de la Orden Germánica formaron una especie de alianza secreta —la primera logia antisemita— con el fin de oponerse a todo lo que estuviera relacionado con la sociedad judía. Fue entonces cuando el grupo Thule se asoció directamente a la Orden, copiando una serie de ritos y saludos de los cuales el famoso ¡*Sieg Heil!* fue el más utilizado.

La Orden tenía una serie de normas y reglas sumamente estrictas, y en ella solamente se admitían a aquellos individuos de los que se pudiese comprobar que tenían una sangre «pura». Poco antes de que estallase la Primera Guerra Mundial existían en Alemania casi un centenar de logias que englobaban a varios miles de miembros, manteniéndose en secreto sus bien establecidas organizaciones.

En 1917, encontrándose el país en plena guerra, Von Sebottendorf fue elegido jefe de la Orden para toda Baviera. Y fue también en esa ocasión cuando manifestó que al haber sido nombrado para el cargo, Baviera se convertía en «cuna del nacionalsocialismo». Apuntemos de pasada que en las publicaciones de la Orden figuraba de forma destacada la cruz gamada que, asimismo, decoraba todas las logias.

La derrota de Alemania en 1918 sirvió de caldo de cultivo para la proliferación de una serie de grupos esotéricos, de índole racista, que se beneficiaron del estado de desánimo que reinaba en un gran sector del pueblo. En ese mismo año, pocos días antes de que se firmase el armisticio, Sebottendorf pronunció un discurso notablemente premonitorio en el que juraba su intención de que la sociedad Thule «entrase en combate». Y hacía ese juramento sobre la cruz gamada: «…Tened confianza en mí como ya la tengo en vosotros —afirmaba—. Nuestro dios es el padre del combate y sus runas son las del águila… que es el símbolo de los arios; el águila roja que nos dice que deberemos pasar por la muerte antes de que se produzca nuestra definitiva resurrección». Unas afirmaciones que tenían mucho de proféticas.

En su obra *Antes de que Hitler llegase* Sebottendorf incluía una lista de los miembros más sobresalientes de la Orden. Dietrich Eckart, Rudolf Hess y Alfred Rosenberg figuraban en lugar destacado. Y además de estos nombres bien conocidos, la organización Thule manifestaba su orgullo de contar la figura de Adolf Hitler entre sus afiliados.

Sebottendorf insistió siempre en que la Orden había tenido en su principio como fin principal estudiar los orígenes históricos de Alemania, pero que poco después y bajo la presión de sus dirigentes tomó otro rumbo y puso su énfasis en los temas políticos, nacionalistas y antisemitas.

Sebottendorf murió ahogado en Turquía en 1945. Una muerte que algunos consideraron un suicidio.

Madame Blavatsky fundó la teosofía y fue la primera persona en comunicarse con los "maestros ascendidos". Afirmaba que la raza aria era la raza superior y que por tanto debía controlar el mundo.

Las contradicciones del ocultismo nazi

El ya mencionado historiador americano W. Shirer, al hablar de cómo se vivía en aquel Reich Oculto, afirmaba sin ambages que cuando él abandonaba las fronteras de la Alemania nazi se sentía profundamente aliviado, como si de nuevo su espíritu renaciera. Existía sin duda una energía siniestra en aquel universo en el que bullían fuerzas ocultas de corte maligno. Un ejemplo, entre muchos, de esa energía oscura que gobernaba gran parte de las élites nazis podría encontrarse en el uniforme de las fuerzas de las SS: su vestimenta completamente negra ornada con las nefastas calaveras. Todo un detalle de lo que primaba en el ubicuo ocultismo nazi.

Sin embargo, y aunque ello resulte paradójico dadas las inclinaciones de muchos jerarcas de la Alemania del Tercer Reich, entre los que primero sufrieron la persecución nazi se encontraban numerosas asociaciones ocultistas. Cabe preguntarse cómo podía ser esto así cuando el propio Hitler dispuso durante mucho tiempo de su astrólogo particular. Analicemos por un momento este asunto.

El escritor británico Ellic Howe, especialista en temas sobre el ocultismo nazi y autor de una obra sobre la secta de la Golden Dawn, afirmaba que Hitler, a pesar de los rumores en contra, no tenía interés por los ocultistas en general o por los astrólogos en particular. Hasta cierto punto esas afirmaciones podían ser ciertas puesto que el gobierno nazi —o, cuando menos, importantes sectores del mismo— persiguió el ocultismo con dureza. Recordemos que en los primeros meses de 1934, con el nazismo bien instalado en el poder, el cuartel general de la policía berlinesa, por boca de su jefe superior, publicó una orden por la que se prohibía rotundamente cualquier actividad que tuviera que ver con la adivinación o con otras prácticas de parecida índole. A este edicto siguió de forma inmediata la confiscación de cualquier tipo de literatura que tuviera que ver con la llamada «literatura ocultista». Y no hay duda de que estas órdenes dimanaban de las más altas esferas del poder.

Como era previsible se produjeron los consabidos errores, ya que el celo policial desconocía la calidad y el contenido de muchos libros considerados «ocultistas», lo que causó la destrucción de textos de notable calidad que podían considerarse completamente ortodoxos.

Esta inquina contra todo lo que tuviese que ver con el mundo del ocultismo se manifestó muy claramente en el hecho de la clausura de las

dependencias que tenía en Alemania la Sociedad Teosófica de Helena
Blavatski, una entidad que había arraigado con fuerza en el país durante
aquellos años.

En esta, cuando menos, curiosa cruzada nazi contra el ocultismo se
produjo un hecho que llama la atención. Cuando en 1938 tuvo lugar la
llamada Anschluss, es decir la anexión de Austria a la Alemania nazi,
Adolf Lanz aquella figura notable del ocultismo de la que ya hemos hablado, que no tenía empacho en autoproclamarse «auténtico gurú de
Hitler» vio cómo quedaban prohibidos sus libros y se le conminaba a
silenciar sus ideas. Al mismo tiempo también quedaba prohibida la Orden de los Nuevos Templarios, una prohibición que parece ser significó
su extinción. Algo similar sucedió con la masonería y la antigua Orden
Germánica, institución que había sugerido a Hitler el símbolo de la esvástica como bandera nacional.

Cabría preguntarse cuáles fueron las razones de esta animadversión
sentida por los nazis, y concretamente por Hitler, hacia las figuras y las
asociaciones más sobresalientes del ocultismo de la época. La respuesta
que da J.H. Brennan a esta pregunta es la siguiente: se tomaron tales decisiones precisamente porque el Führer se consideraba a sí mismo como
una especie de mago genial capaz de construir un nuevo mundo, y no
deseaba interferencias ni similitudes de ningún tipo. «Para el político común —afirma el citado autor, no sin razón— los ocultistas significan una
fracción marginada de la sociedad; fracción que, siendo completamente
inofensiva para los intereses del Estado, suele encontrarse plenamente in-
mersa en sus propias creencias y no constituye problema alguno para la
sociedad. Cualquier insinuación de que las enseñanzas divulgadas por
estos grupos pueda llegar a constituir un poder real es rechazada por absurda». Son éstas unas afirmaciones que merece la pena considerar.

Evidentemente, los políticos no se paran a estudiar las teorías, muchas veces infundadas, de movimientos de corte ocultista ya que tienen
otros problemas mucho más urgentes que resolver. «En consecuencia
—sigue diciendo Brennan— en un régimen político que no se encuentre
basado en la magia, el ocultismo y los ocultistas pasan totalmente desa-
percibidos. Las excepciones que puedan darse de vez en cuando suelen
ser más aparentes que reales.»

Y el mencionado autor cita el caso de la China comunista, cuyo gobierno tampoco siente una gran simpatía por las llamadas ciencias eso-

téricas a las que considera meras manifestaciones supersticiosas. Algo parecido sucedió en la Rusia soviética. Digamos al respecto que es hasta cierto punto comprensible que los gobiernos autoritarios desconfíen de la política que puedan auspiciar las sociedades secretas, lo cual no quiere decir que les importe poco o mucho sus prácticas esotéricas. Pero el caso de la Alemania nazi era muy diferente.

No existe la menor duda de que Hitler era un notable adicto al ocultismo, tanto en su vertiente teórica como práctica y, por consiguiente, era consciente de que en ese mundo arcano podía esconderse un poder muy real. En cierta medida él mismo se había servido de prácticas ocultas para hacerse con el poder y, por supuesto, no quería competidores. Esto, al menos, es lo que afirman varios autores a la hora de examinar las posibles contradicciones del comportamiento del gobierno nazi en ese tema.

Al llegar a este punto conviene tener presente que con esta represión del ocultismo no se pretendía su desaparición total sino más bien un control del mismo. Recuérdese que gran parte de la parafernalia y muchas de las ceremonias más secretas de las SS tenían un marcado signo esotérico. A este respecto ya hemos mencionado que destacadas figuras del nazismo sentían una profunda simpatía por ciertos individuos que podrían calificarse de «maestros del ocultismo».

Como ejemplo de las persecuciones sufridas por notables figuras pertenecientes al ocultismo o, más bien, a los movimientos esotéricos de mayor relieve, examinemos brevemente la trayectoria de un personaje destacado de aquella época: Rudolf Steiner.

El iluminado de Dornach

En febrero de 1861 nacía Rudolf Steiner en la localidad de Donji Kraljevec, en la actual Croacia, entonces perteneciente al Imperio austríaco. Steiner era hijo de una familia modesta que, sin embargo, pudo costearle sus estudios hasta lograr su graduación en el Instituto de Tecnología de Viena. Como dato anecdótico vale la pena reseñar el hecho de que ya a los quince años había ganado su primer dinero desempeñando el puesto de preceptor del hijo de una familia acomodada. Poco después, su interés por la filosofía le hizo trasladarse a Viena, en donde pudo asistir a las clases que impartía el filósofo Franz Brentano, fundador del objetivismo ético.

Su buena disposición para el estudio de las ciencias llamó la atención de uno de sus profesores, ferviente admirador de Goethe, quien le dio a leer las obras del genio de Weimar. Steiner quedó impresionado por esas lecturas, y como consecuencia de su gran interés se le encargó que revisase la edición de sus escritos científicos. Así se inició una relación literaria que marcaría de forma indeleble su vida.

En 1890 Steiner fijó su residencia en Weimar a fin de poder trabajar en un proyecto editorial sobre Goethe. En esa ciudad vivió durante siete años, en el transcurso de los cuales logró su doctorado en filosofía por la universidad de Rostock, cosa que no había podido conseguir en Viena. En 1899, ya en Berlín, conoció a una destacada teósofa, Marie de Rivers, que le puso en contacto con Annie Bésant, presidenta de la Sociedad Teosófica tras el fallecimiento de la señora Blavatski.

Fue entonces cuando Steiner inició su etapa teosófica encargándose de la Sociedad en Alemania. Fundó en esa época una revista y publicó obras de clara inspiración teosófica. En sus escritos afirmaba que el hombre es el más antiguo de los seres vivientes, separado recientemente de una Potencia Cósmica de la que sigue siendo una partícula. En sus tesis expresaba la necesidad, y la posibilidad, de que el ser humano llegase a acceder al conocimiento de mundos suprasensibles. Teorías que, evidentemente, estaban impregnadas del espíritu teosófico.

En poco tiempo Steiner sintió la necesidad de modificar algunos de los postulados de la teosofía, fusionando los conceptos filosóficos orientales, de los que estaba impregnada la Sociedad, con un aire netamente crístico que la convertía en un movimiento espiritual y esotérico de inspiración occidental. Pero tales innovaciones no fueron bien vistas por Annie Bésant que se hallaba plenamente convencida de la superioridad de la tradición de Oriente.

Tras romper con la Sociedad Teosófica por serias disparidades de criterio Rudolf Steiner fundó en 1913 su propia escuela, la Sociedad Antroposófica, que tuvo su sede en Dornach, una pequeña localidad cercana a Basilea. La antroposofía, como se denominó la doctrina propugnada por esta escuela, era un movimiento de índole esotérico y espiritual que si bien partía de premisas teosóficas tenía un cuerpo de doctrina propio. Y gracias a una importante donación hecha por uno de los simpatizantes del movimiento se pudo comprar una gran propiedad en Dornach, cerca de Basilea, en donde Steiner instaló la sede de la Sociedad. Tras un incendio ocurrido en 1922 que devastó por completo el magnífico edificio central se volvió a construir otro, todavía mayor, que constituye actualmente el centro neurálgico del movimiento mundial antroposófico.

En 1924 Rudolf Steiner cayó enfermo, pese a lo cual siguió trabajando intensamente hasta que un año después fallecía en el Goetheanum, nombre que recibió la sede de la Sociedad en honor del genio de Weimar que tanto había marcado su vida.

Además de las teorías esotéricas y espirituales que son la base de la escuela antroposófica, Steiner mostró un particular interés por otros campos de la realización humana: el Arte, la Medicina y la Pedagogía. Sus ideas sobre la medicina, por ejemplo, siguen despertando interés en los médicos. En el ámbito artístico creó una nueva forma de expresión corporal de gran plasticidad y belleza, muy similar a la danza, a la que denominó «euritmia».

Por lo que se refiere a la vertiente pedagógica fundó las escuelas Waldorf —llamadas así en honor de uno de sus grandes protectores—, instituciones en las que se pone en práctica un nuevo sistema educativo. Estos centros de formación siguen vigentes en todo el mundo y en ellos han estudiado personalidades muy conocidas del mundo del arte. Toda esta ingente labor, diversificada en múltiples campos, es una muestra de la capacidad creadora de Steiner, cuyo talento artístico quedó patente en múltiples obras salidas de su mano.

Como ya se ha dicho, en la inclinación hacia el arte de este «iluminado de Dornach» fue decisivo el influjo que tuvo Goethe sobre él, pudiendo encontrarse similitudes entre el gran genio y su propio movimiento esotérico. «Goethe sintió lo que deben sentir los antropósofos —escribió—. Si uno ha conseguido una comprensión cognoscente del mundo, surge una necesidad vital no sólo de continuar formando ideas sino también de crear de forma artística en el campo de la escultura, la pintura, la música y la poesía». Y éstos fueron, en realidad, los universos en los que él trabajó intensamente.

No obstante, el mayor interés de Steiner se centró en el ocultismo. Tras su ruptura con los teósofos escribió una de sus obras más complejas *El conocimiento de los mundos superiores,* en la que incluye ejercicios de índole espiritual destinados a desarrollar la evolución del ser humano.

Todo lo expuesto sobre Steiner nos da idea de la dimensión de su figura dentro de lo que podríamos entender como un gran mago blanco.

Y precisamente por ello, por su interés en que el ser humano lograse desarrollar su potencial latente al margen de cualquier tipo de logro político, suscitó la animadversión de los nazis que persiguieron incansablemente a los seguidores de Steiner en toda Alemania. Hitler —siempre proclive a los métodos de una magia negra— y sus secuaces se movían en mundos totalmente antagónicos a aquel en el que se encontraban los antropósofos de Steiner.

El señor de las profecías

Vamos a detenernos un momento en una figura, que poseedora de una insólita capacidad clarividente, anunció cuatro siglos antes de que se produjera, el ascenso al poder de Adolf Hitler y las maquinaciones del gobierno nazi. Estamos hablando de un personaje especialmente singular del Renacimiento francés muy vinculado al mundo del hermetismo: Michael de Nostradamus.

Michel de Notre-Dame, universalmente conocido como Nostradamus, nació en 1503 en la pequeña población francesa de St.Rémy de Provence, hijo de un notario judío perteneciente a una familia de amplia tradición médica.

Al parecer, el joven Michel recibió su primera educación de un abuelo que le inculcó su amor por la astrología. Convertido posteriormente al cristianismo hizo sus primeros estudios en Aviñón, para pasar más tarde a Montpellier en donde se encontraba la facultad de Medicina más famosa de Francia y en donde, posiblemente, concluyó la carrera médica años más tarde, después de haber recorrido varias poblaciones del Mediodía francés.

Se afirma que, gracias a sus conocimientos, el futuro Nostradamus logró contrarrestar los efectos de una epidemia de peste que asolaba el sur de Francia, realizando curaciones aparentemente asombrosas. Casado y establecido durante algún tiempo en Agen, abandonó esta ciudad tras el fallecimiento de su esposa. Como, al parecer, ya se había ganado cierta reputación se instaló en Aix, en donde las autoridades de Provenza le hicieron un generoso donativo por la labor humanitaria que había llevado a cabo, donativo que él repartió entre los huérfanos y las personas necesitadas, acrecentando de esta manera su fama de buena persona.

De Montpellier, en donde vivió algunos años y en donde concluyó su interrumpida carrera de Medicina, pasó a Lyon y de esta ciudad a Salon-de-Provence, en donde vivió largo tiempo. Como se puede apreciar, Nostradamus fue un viajero infatigable que además de interesarse por la Medicina se preocupó, como luego veremos, en aumentar sus conocimientos sobre astrología y ciencias ocultas. Se afirmaba en su tiempo que también había logrado convocar con éxito a los espíritus benignos.

En 1555, ya en plena madurez, Nostradamus vio publicada la obra que habría de hacerle mundialmente famoso: *Las Centurias*. Se trata de un texto escrito en un estilo críptico y difícilmente inteligible en muchas ocasiones. Debido a esta característica algunos de los comentaristas de su tiempo juzgaron erróneamente su libro como la obra de un mero charlatán. No obstante, esa forma enrevesada de exponer los hechos obedecía, muy posiblemente, al deseo de su autor de no enemistarse con la Iglesia.

Uno de los especialistas más notables de la obra de Nostradamus, el francés Jean-Claude Pichon, insiste en un punto muy concreto al investigar su obra: los estudiosos se han limitado, por lo general, a intentar descifrar lo que se refiere a su propia época, despreocupándose del futuro y perdiendo, de este modo, el necesario sentido de la perspectiva. Por ejemplo, los investigadores del siglo XVII se proponían demostrar que Nostradamus solo hacía referencia a Luis XIV; los que interpretaban su texto a finales del XVIII entendían que los vaticinios correspondían a la Revolución; si era el tiempo de Napoleón, al Imperio, etc. Esta forma de interpretar las *Centurias* implica una notable miopía. Nunca hubo interés por comprender la visión global del asunto, sino que todos se circunscribieron a lo que podía decirse de su época. El mismo Pichon comenta: «Esta posición básica acarrea graves consecuencias. De modo general la obra no se lee como fue escrita, ni tampoco se leería aunque se tratase de una obra más clara. En lo que concierne a Nostradamus atestiguan este hecho más de cien publicaciones; desde las primeras interpretaciones en verso de Vincent Séve de Beaucaire, en 1605, presentadas como inéditas, hasta las de Fontbrune y de Émil Ruir, en nuestros días». El mismo investigador se pregunta si podría afirmarse que la ciencia de Nostradamus queda al abrigo del error. Pero a pesar de estas posibles limitaciones, Nostradamus constituye un caso único en la historia del ocultismo serio y del verdadero y profundo esoterismo, llevado todo ello a una expresión práctica.

La obra de este maestro renacentista del ocultismo incorporaba un carácter visionario que se adentraba de una manera insólita y profunda en el futuro de la Historia hasta el punto de llegar al año 1999, fecha en la que según algunos de los primeros estudiosos de Nostradamus concluiría el mundo. Pero analicemos la posible vinculación de este personaje buen amigo de los astros con el mundo del Tercer Reich.

El historiador británico Alan Bullock, célebre por su trabajo biográfico sobre Hitler, escribió en una ocasión que a éste no le interesaba la astrología y que no existía ninguna evidencia que apoyase la creencia popular de que Hitler recurriera en alguna ocasión a esa disciplina. Pero hay que decir que posteriormente Bullock cambió esta afirmación. Por su parte J.H.Brennan, ya mencionado en estas páginas, asegura que en la Alemania nazi, aparte del talento presumiblemente visionario que poseía Hitler, la predicción (incluida la astrología) funcionaba en dos diferentes niveles, y el panorama se veía enturbiado por las frecuentes persecuciones a que eran sometidos los astrólogos. «Una de las facetas de la predicción se relacionaba con la propaganda, interesante aspecto de la cuestión que elevó a Nostradamus a la categoría de profeta oficial del Reich. El segundo punto se refería a la predicción en sí misma, como una guía ocultista para el funcionamiento del Partido Nazi. Había ocasiones en que los dos aspectos se interrelacionaban».

Goebbels sentó los principios de la manipulación
de las masas a través de la propaganda.

Durante mucho tiempo, especialmente a lo largo de los años veinte y treinta del pasado siglo, era muy frecuente ver circular por Alemania publicaciones de corte astrológico que abarcaban distintos ámbitos. Asimismo existían dos asociaciones astrológicas de notable relevancia ubicadas en Leipzig y Dusseldorf, respectivamente; y a medida que la figura de Hitler iba adquiriendo más importancia también crecía el interés que inspiraba su persona a toda clase de adivinos y astrólogos. Pero esta situación se vio cercenada en 1933, año en que el futuro Führer logró el poder. Y se puede afirmar que, poco después, nadie se atrevía a realizar la menor predicción sobre el futuro del nuevo señor de Alemania, como no fuera en el más estricto de los secretos.

El estado de cosas llegó al punto de que incluso los directores de aquellas sociedades astrológicas más punteras de todo el territorio alemán tomaron la decisión de inscribirse en el Partido Nazi para evitar sospechas. Había que andarse con sumo cuidado para no caer en las iras del Partido y, por supuesto, todas las precauciones eran pocas. En 1933 los directores de los principales periódicos del país recibieron la orden de no incluir en sus páginas ningún tipo de horóscopo o referencia de índole astrológica. Daba la impresión de que al Partido no solamente no le interesaban las predicciones de los astros sino que las aborrecían profundamente. Pero, ¿era esto cierto en lo que atañía a los jerarcas nazis? Veamos la cuestión con un poco de detalle.

Según apuntan ciertos historiadores del nazismo, el 2 de noviembre de 1939 un astrólogo suizo, un tal Karl E. Kraft, tuvo la ocurrencia de escribir a un amigo que estaba a las órdenes de Himmler que, según los cálculos astrológicos que había realizado, Hitler podía correr un serio peligro pocos días más tarde. Ni el citado amigo ni persona alguna prestaron atención a esta advertencia, por lo que el aviso de Kraft quedó archivado. Pero sucedió en esos precisos días el atentado de la cervecería de Munich, del que ya hemos dado cuenta en estas páginas, y entonces la advertencia hecha por el astrólogo adquirió enorme importancia. A Kraft se le arrestó inmediatamente y se le trasladó a Berlín para ser sometido a interrogatorio en el cuartel general de las SS. No obstante, no se tomó ningún tipo de medidas contra él sino todo lo contrario, como veremos seguidamente.

De nuevo, Nostradamus

Por esas fechas en las que tuvo lugar el atentado de la cervecería de Munich Goebbels, ministro de Propaganda y hombre que siempre se sintió atraído por el ocultismo, estaba muy interesado en analizar los textos de Nostradamus, con objeto de ver si en ellos se encontraba alguna referencia al Tercer Reich y a la figura de Adolf Hitler. Esta circunstancia le vino de perlas al ya mencionado Kraft, al que se concedió un empleo por orden del mismísimo Goebbels, a fin de que ayudase a descifrar las famosas *Centurias* del astrólogo y adivino francés.

Dentro de los múltiples significados que se pueden extraer de los oscuro versos de Nostradamus hay no pocos que podrían aplicarse a Hitler, de la misma manera que otros exégetas hicieron algo idéntico, en su momento, con la figura de Napoleón. Veamos algunos de ellos:

En la Europa occidental
nacerá un niño de cuna humilde
que con su palabra arrastrará a todo un ejército
y cuya furia devastadora se extenderá hasta el reino del Este

En estos versos podemos encontrar ciertas similitudes con la biografía de Hitler. Indiscutiblemente el Führer había nacido en un familia humilde, y sus años de juventud se vieron envueltos en una considerable pobreza. Evidentemente, tal como pronostica Nostradamus, la oratoria del «cabo austríaco» logró convencer no sólo a un ejército sino a todo un pueblo. Por lo demás bien sabemos que su «furia devastadora» llegó a extenderse hasta Stalingrado, durante la invasión de Rusia. Pero sigamos:

Nacerá un gran señor cerca de Italia,
que le resultará costoso al Imperio
alcanzará mayor fama como destructor que como príncipe.

Una vez más vemos aquí que estos versos pueden referirse por igual a las figuras de Napoleón y de Hitler. De todos modos, mayor fue la destrucción causada en toda Europa por el segundo.

Pasará de simple soldado a emperador
cambiará su humilde ropa por otra más conveniente
se mostrará diestro con las armas y no sentirá aprecio por la Iglesia.

Sin duda Hitler ascendió rápidamente en la jerarquía política, y su antipatía por la Iglesia fue notoria, hasta el punto de que el nazismo no dudó en perseguir al clero católico en muchas ocasiones.

La elección de este hombre no habrá sido buena para su país,
porque su odio y su inmensa ira harán pensar
que exterminará a la Humanidad a hierro y fuego.

En estos versos se puede apreciar un mayor parecido con la figura de Hitler, porque, indiscutiblemente, la elección que hizo Alemania al elevarlo al poder no pudo resultar más catastrófica para el país. Por lo demás, odio e ira fueron sentimientos que estuvieron siempre presentes en la cabeza de Hitler, que preconizaba el dominio no solamente de Europa sino de todo el planeta.

Viene ahora una cuarteta muy significativa:

El rey de Europa semeja a un grifo
rodeado por los hombres del Norte.
Habrá una gran abundancia de rojo y blanco
y se hará la guerra contra el rey de Babilonia.

Parece colegirse de estos versos que la elección de Hitler como líder político de Alemania fue un tanto sorprendente y recuerda la aparición de un animal fabuloso. Por otro lado la mención de los colores rojo y blanco que aparecen de forma abundante, según manifiesta el verso, nos remite a la existencia de esos mismos colores en la bandera de la Alemania nazi. Pero todavía existen unas estrofas que nos hacen pensar de una manera muy directa en la persecución sufrida por los judíos bajo la Alemania hitleriana:

El rubio será enemigo acérrimo del que tiene la nariz curva
al que perseguirá de manera implacable

Diremos que, finalmente, Kraft no gozó mucho tiempo del patrocinio de Goebbels, pero su acercamiento al gobierno nazi le sirvió para escribir un libro sobre Nostradamus que gozó de amplia difusión en la Alemania de entonces.

A Kraft le sucedió otro astrólogo, Wilhelm Wulf, que estuvo al servicio de Himmler hasta que se produjo el definitivo hundimiento de Alemania, en 1945. Oficialmente, tanto Hitler como Goebbels mostraban su desprecio por toda clase de astrólogos y adivinos, pero en privado éstos seguían funcionando y se les prestaba atención. De hecho, ambos personajes los consultaban asiduamente, y si los hubieran sabido interpretar adecuadamente tal vez hubieran podido extraer conclusiones más acertadas. Nostradamus les anticipaba acontecimientos definitivos.

El rayo rasgará su bandera.
Morirá pronunciando palabras de orgullo. La ejecución será grande...
La poderosa nación se doblega.
El monstruo purgará su existencia con la muerte.

No cabe duda de que también estos versos nos remiten a terribles hechos. En sus últimos días Hitler ordenó atrocidades como la de mandar inundar el metro de Berlín, ocasionando con ello la muerte de decenas de miles de personas, un acto que cuando lo conoció Albert Speer lo calificó de espantosa ejecución. Por lo demás, no hay duda de que las últimas palabras de Hitler, su testamento, están llenas de odio y de orgullo.

Pero todavía quedan un par de versos en los que Nostradamus no pudo mostrarse más clarividente:

El gran príncipe habrá contraído matrimonio
momentos antes de que caiga sobre él la ira divina

El matrimonio de Hitler con Eva Braun en la antesala de su suicidio no puede quedar mejor reflejado.

Las figuras del «panteón» nazi

Dos grandes personajes de la Historia se alinean de manera prominente entre aquellos por los que sintió Hitler una profunda admiración y, nos atrevemos a decir, una considerable envidia: Dante Alighieri y Napoleón Bonaparte. Evidentemente hubo otras figuras que gozaron de la admiración del dictador nazi, como fueron sin duda el emperador Juliano o el mítico Zaratustra, pero aquellos dos primeros estuvieron siempre presentes en su consciente.

Resulta un tanto pintoresco que, por lo que se refiere al gran escritor florentino los nazis lo incorporaran siempre a su panteón de los genios de la raza aria aduciendo, como aseguraba sin pudor Rosenberg, que Dante era de origen germánico ya que su auténtico nombre era el de Durante Aldiger. Por si esto fuera poco la actitud que Dante mantuvo hacia la Iglesia gozaba de las simpatías de los jerifaltes nazis. El hecho de que el florentino manifestara abiertamente que el poder temporal debía de ser independiente de la dominación sacerdotal gozaba de las enteras

Hitler afirmaba que la raza «aria» alemana había sido mejor dotada que las demás y que esa superioridad biológica destinaba a los alemanes a estar al mando de un vasto imperio en Europa Oriental.

simpatías de los señores del Tercer Reich. Conviene recordar asimismo que Dante insistía en la importancia de la raza y que era un fiel admirador del Imperio, de aquel Sacro Imperio Germánico que tanto complacía al joven Hitler.

Para los jerarcas nazis la nostalgia sentida por Dante hacia la monarquía universal era un claro punto de comunión con el autor florentino, no en balde se le inscribió en los programas de formación de sus instituciones pedagógicas. Digamos, por ejemplo, que en el Seminario Románico de Viena, el famoso Römanischer Seminar, se enseñaba que Dante era un valeroso y auténtico Templario que había comprendido a la perfección el hecho indiscutible de que el gobierno del mundo correspondía a una selección de privilegiados, una selección —colegirían los nazis— naturalmente aria.

En este panteón de las figuras emblemáticas que los teóricos del Tercer Reich admiraban abiertamente figuraban, como ya hemos dicho, personajes como Zaratustra, del que Rosenberg en su obra *El mito del siglo XX* dice: «...Zaratustra se remite a la sangre aria que debe obligar a todo persa a servir al Dios de la Luz que triunfa sobre el señor de las tinieblas. Actualmente en el centro y en el norte de Europa la misma alma de la raza que vivía antaño con Zaratrustra despierta con una fuerza mítica y adquiere una conciencia más elevada de sí misma».Sin comentarios.

Por lo que se refiere al emperador romano Juliano, Hitler se siente tan unido a su figura que no duda en manifestar en uno de sus cortos escritos que «se debería difundir profusamente el libro que contiene las reflexiones de este emperador romano. ¡Qué maravillosa inteligencia y qué discernimiento! En sus páginas se encuentra toda la sabiduría antigua». Y todavía continúa en sus elogios: «Sería mejor hablar de Constantino *el Traidor* y de Juliano *el Fiel* que de Constantino *el Grande* y de Juliano *el Apóstata*. Lo que los cristianos han escrito contra el emperador Juliano es casi del mismo calibre que lo que los judíos han escrito contra nosotros. Los escritos del emperador Juliano, en cambio, pertenecen a la más alta sabiduría».

Pero la figura por la que Hitler siente una indiscutible admiración es la de Napoleón, al que califica de «genio militar único en el mundo». Quisiera igualar sus logros y de hecho se lo propuso, si bien en algunos casos como en la invasión de Rusia con parecidos y nefastos resultados.

Francia capituló el 17 de junio y el armisticio, firmado en el famoso vagón de tren en el bosque de Compiégne, entró en vigor el día 25. Tres días después, Hitler llegaba a París a bordo de un avión que aterrizó en el aeropuerto de Le Bourget.

El deseo de identificarse con el Gran Corso llega hasta detalles tan peregrinos como el de adaptar su atuendo personal al de aquel, vistiendo una especie de guerrera militar que no abandonará en el transcurso de los últimos cinco años.

Pero este anhelo que siente Hitler por identificarse con Napoleón llega a cotas más altas, como en el caso de querer encargarse personalmente de la dirección de las campañas militares las cuales, en un principio, se saldan de forma victoriosa para los ejércitos alemanes. Y cuando las tropas de la Alemania nazi entran en París, Hitler ordena que desfilen por los Campos Elíseos y pasen bajo el Arco del Triunfo, a modo de un extraño y personal homenaje a Napoleón. Conocido es también el hecho de que en la breve visita que hizo a París, no dudó en acudir al Panteón para cumplir con una especie de homenaje ante la tumba de Napoleón. Hay autores que aseguran que fue precisamente en ese instante de meditación cuando escuchó una voz interior que le urgía a conquistar Rusia como, ciento veintinueve años antes, había intentado hacer el emperador francés. En esa ocasión el resultado sería una repetición del desastre sufrido por las tropas napoleónicas.

El curandero de Hitler

Mucho se ha escrito sobre la salud física de Hitler, y todavía más sobre su carácter claramente hipocondríaco. Pese a esa característica psicológica que se hizo patente en muchas ocasiones, parece como si él quisiera dar la impresión ante su entorno más cercano de poseer una salud de hierro. «Yo jamás he estado enfermo», se complacía en afirmar. Pero sus pretensiones de querer mostrarse como el superhombre que tanto preconizaba formaban parte del cortejo de mentiras a las que era tan aficionado.

De todos modos es obligado reconocer que Hitler se mostró siempre a lo largo de su vida como un superviviente. Y esto fue así desde su infancia: tres de sus hermanos murieron antes de su nacimiento, y otro de los varones, Edmund, también encontrará la muerte antes de cumplir los seis años. Solamente sobrevivirá su hermana Paula, algunos años más joven que él. Ante semejante grado de mortalidad familiar no es de extrañar que Hitler se considerara un auténtico superviviente.

Aunque los primeros profesores que tuvo el futuro Führer de la Alemania nazi lo vieran como un muchacho pálido y delgado, sus camaradas de juventud —pocos, porque Hitler nunca fue persona muy sociable— afirmaron en su momento que el joven Adolf tenía una buena constitución física y que «nunca estaba enfermo», hecho del que, como ya hemos visto, él se enorgullecía constantemente.

Por el contrario, algo debería resentirse en la salud y en el aspecto de este joven que vaga por los cafés y las calles de Munich y Viena, y que apenas tiene suficiente dinero para procurarse una alimentación aceptable. De hecho, en el tribunal médico por el que pasó cuando quiso alistarse en el ejército en 1914 lo consideraron inútil para el servicio militar por su constitución demasiado débil.

No obstante, pocos meses después, el estallido de la Gran Guerra le permite alistarse en el ejército y tomar parte en la contienda durante dos años, en los frentes de Bélgica y de Francia septentrional. Herido y afectado por los gases del frente, el cabo Hitler recibe la condecoración de la cruz de hierro en 1918.

Vienen, después, los años de posguerra en los que se entrega a la política y destaca como un agitador de ardiente palabra. Tras su intervención en el fallido golpe de estado de Munich, en noviembre de 1923, y su posterior reclusión en la prisión de Landsberg, la carrera del antiguo cabo afianzada por la publicación de su *Mein Kampf* está en plena marcha. Pero su salud es otra cosa.

Pocos años más tarde, en 1929, Hitler se queja de agudos dolores gástricos que juzga consecuencia de la inhalación de los gases tóxicos de la pasada guerra. Uno de sus más directos colaboradores de esa época, Baldur von Schirach anota en su diario: «... Cuando Hitler está sentado no para de balancear el tronco. Me parece que esto es una expresión de su temperamento nervioso. Pero cierto día me confió que son consecuencia de los fuertes dolores estomacales que sufre. Hemos intentado recomendarle que le vea un médico, pero él tiene auténtico pavor a que lo examinen». De hecho en esa época prefiere auto medicarse, aunque el tratamiento que sigue no sea en absoluto el más conveniente.

Es de sobra conocido el talante hipocondríaco de Hitler que no solo temía que le pudieran envenenar, sino también que pudiera morir prematuramente de cáncer, como su madre. Si a todo esto le añadimos el hecho de que con frecuencia en los últimos tiempos amenazaba con suicidarse tendremos el lamentable cuadro del estado nervioso en que se encontraba, incluso mucho antes de que se iniciara la guerra. Un estado físico y mental que abrió las puertas al que había de convertirse en el ángel guardián de su precaria salud: el doctor Theodor Morell.

Theodor Gilbert Morell había estudiado Medicina en Grenoble y en París, y parece ser que, posteriormente, siguió unos cursos de ginecología en Munich. En 1936 Morell tenía su consulta en la Kurfürstendam, una de las avenidas más famosas de Berlín, ejerciendo la especialidad de dermatología. El éxito que tuvo al curar de blenorragia a Heinrich Hoffmann, le facilitó el camino para contactar con Hitler, ya que aquel era el fotógrafo oficial del líder nazi.

Morell era un individuo de apariencia poco grata. Obeso y poco preocupado por su higiene personal, había alcanzado cierta reputación al lograr una serie de éxitos profesionales en donde otros colegas habían fracasado. Tras haber logrado el puesto de médico personal de Hitler, empezó a tratar a su nuevo cliente con toda una batería de fármacos. En un principio logró algunos éxitos curando a su paciente de una serie de trastornos gástricos y cutáneos.

De todos modos, en el restringido círculo hitleriano no era muy bien visto Morell, al que sin embargo se toleraba por su cercanía al jefe supremo. Éste, que se veía aquejado de no pocos padecimientos —entre los cuales no era el menor el Parkinson que empezaba a mostrarse cada vez más claramente—, confiaba plenamente en su cuidador, al que mantenía muy cerca de sí, desoyendo los comentarios adversos que los otros colegas de Morell hacían de éste.

Pese a sus métodos no muy ortodoxos, a su físico nada grato, y a las enemistades que se había granjeado, el doctor Morell siguió cuidando de la maltrecha salud de Hitler hasta el final, suministrándole toda una batería de fármacos entre los que muy posiblemente figuraba la morfina. Indudablemente se trataba de una auténtica farmacopea, ya que la lista abarcaba más de noventa sustancias diferentes. Pero pese a toda esta exageración medicamentosa la salud de su cliente siguió siendo precaria, y el envejecimiento de su físico avanzó a pasos agigantados.

A Morell el lamentable estado que presentaba Hitler en los últimos años no parecía afectarle ni poco ni mucho, y muy orgulloso de sus arbitrarios tratamientos no se recataba en decirle a su paciente que si éste hubiera estado en manos de un médico corriente, «no le hubiera sido posible llevar a cabo la tarea que le había encomendado el Reich». Afortunadamente, quería dejarle bien claro, había estado él para cuidarle. Pero, aún así, la salud de Hitler hacía agua por todos los costados.

Uno de los jefes del Estado Mayor de Guderian escribe lo siguiente al referirse a su entrevista en los últimos tiempos con el dictador nazi: «Lentamente, fuertemente inclinado, a cortos pasos, el Führer se me acerca… Su apretón de manos es blando, sin fuerza. Su cabeza vacila ligeramente, su brazo derecho pende inerte a un costado, como si estuviera paralizado; la mano se le agita en un continuo temblor. Sus ojos tienen un fulgor indescriptible y dan la impresión de una angustia casi inhumana. Todo su rostro y las bolsas que se aprecian bajo los ojos indican una enorme fatiga, un total agotamiento. Sus movimientos son los propios de un anciano».

Todos estos síntomas, desde el temblor de la mano y el paso vacilante hasta ese cuerpo doblado con el brazo inerte, por no hablar de ese rostro pétreo y la hinchazón de las piernas están hablando claramente de un enfermo de Parkinson. Hoy día se sabe que esa enfermedad puede originarse, entre otras causas, por una intoxicación debida al consumo prolongado de ciertos medicamentos adulterados. Ahora bien, este tipo de medicación es la que le había venido suministrando nada menos que a lo largo de ocho años el «eximio» doctor Morell.

Pero es este mismo doctor Morell el que continúa junto a un Hitler físicamente arruinado durante las últimas semanas del mes de marzo de 1945, prodigándole tratamientos que muchas veces resultan ineficaces y, además, muy difíciles de conseguir. No obstante, ante el estado de agravamiento progresivo de su paciente Morell, decide incluir un nuevo fármaco. Se trata de una sustancia anticolinérgica con la que el médico pretende frenar los alarmantes síntomas parkinsonianos que muestra Hitler.

El tratamiento se va incrementando y se lo complementa con somníferos y cardiotónicos. Finalmente, surge el inevitable conflicto entre médico y paciente. El 21 de abril Hitler se enfrenta a Morell. «Yo quería ponerle una nueva inyección —recuerda el médico— pero él me lo impidió furioso diciéndome que lo que yo quería era suministrarle morfina; porque él sabía muy bien que lo que yo pretendía era adormecerlo para que sus generales se lo llevasen a Berchtesgaden. Temblando, le aseguré que nada sabía de un supuesto complot. Entonces él se puso a gritar diciéndome que no lo tomase por idiota. Incluso me amenazó con hacerme fusilar. Finalmente pareció calmarse y me dijo que me quitara el uniforme, me pusiera ropa civil, hiciera como si jamás lo hubiera conocido y que volviera a ser nuevamente el antiguo médico de la Kurfürstendamm».

Tras esta escena Morell no dudó en abandonar el búnker y esforzarse por llegar a Munich. El paciente que dejaba tras sí era un ser totalmente deprimido que no cesaba de quejarse de la traición de sus generales, y que mencionaba con frecuencia la posibilidad del suicidio.

Morell logró huir de Berlín en uno de los últimos vuelos que partían de la ciudad. Pese a ello fue capturado por las tropas aliadas e internado en un campo de concentración en donde permaneció bastantes meses. Sin embargo, el hecho de que no se le encontrase culpable de crímenes de guerra le permitió ser puesto en libertad. Murió tres años después, en 1948, víctima de un ataque cardíaco.

El todopoderoso arquitecto del Reich

Al hablar de otra de aquellas figuras nazis más controvertidas por las que Hitler sintió una notable simpatía —en el supuesto de que la pérfida mente del Führer pudiera sentir esa clase de sentimientos— no es posible omitir la mención del arquitecto y realizador de sus sueños más aparatosos: Albert Speer. De hecho, Hitler no se recataba en afirmar que consideraba al joven arquitecto —cuando lo conoció, Speer contaba treinta y pocos años— «su alma gemela, hacia la que sentía los más cálidos sentimientos».

Speer nació en 1905 en Mannheim, localidad del estado de Baden-Würtenberg, en el seno de una familia acomodada. Sus preferencias académicas se centraban en las matemáticas, carrera que en principio quiso estudiar pero que no llegó a concluir por la marcada oposición paterna que le inclinó a estudiar Arquitectura, carrera que cursó en distintas universidades alemanas.

Speer siempre aseguró que durante su juventud no se había sentido interesado por la política. Sin embargo, las circunstancias jugaron en su contra. En 1930, año en el que Hitler era sin duda una de las figuras más destacadas del mundo político alemán, acudió a un mitin que daba el Partido Nacionalsocialista Obrero Alemán en Berlín. Allí escuchó por primera vez a Hitler, figura que desde el principio le resultó interesante y atractiva. Pocos meses después de este hecho, solicitó ingresar en el partido nazi.

En un principio a Speer se le encomendaron tareas poco significativas. Pero algunos meses después de su ingreso en el Partido conoció a Goebbels, y una vez que los nazis lograron el poder en Alemania, en 1933, aquél le encargó los primeros proyectos arquitectónicos de relieve. En ese mismo año también conoció a Hitler quien, desde el principio, sintió un notable aprecio por el joven arquitecto. Estos sentimientos fueron, al parecer, recíprocos y no tardó mucho tiempo en que Speer pasara a formar parte del círculo íntimo de Hitler.

El hecho de disfrutar de esta privilegiada situación permitió a Speer hacerse cargo de los proyectos más aparatosos del Régimen. Entre ellos hay que destacar el Campo Zeppelin, un grandioso estadio con capacidad para más de trescientos mil espectadores en el que tuvieron lugar muchas de las celebraciones nazis más carismáticas. Sus pretensiones arquitectónicas no conocían límites, y es bien sabido su deseo de crear monumentos que perduraran a lo largo de siglos como testimonio indiscutible del poderío nazi.

El mismo Speer ratifica estos ambiciosos deseos cuando dice: «Las construcciones modernas no eran muy apropiadas para constituir el puente de unión con las futuras generaciones que Hitler deseaba. Resultaba inimaginable que unas ruinas pudieran transmitir el espíritu heroico que Hitler admiraba en los monumentos del pasado. Mi teoría tenía por objetivo resolver este problema. Era necesario emplear materiales especiales para que, unidos a ciertas condiciones estructurales específicas, permitieran la construcción de edificios que, al cabo de cientos o miles de años, pudieran parecerse a sus modelos romanos». Como puede verse, las pretensiones del «arquitecto de Hitler» no se paraban en barras.

Albert Speer, subyugado por la elocuencia demostrada por Hitler en un mítin en 1931, decidió ingresar en el partido nacionalsocialista, lo que marcaría su futuro ascenso profesional.

Resulta evidente que Speer tenía que estar al tanto de los excesos y crueldades del régimen nazi. Algunos de sus propios testimonios —como los que se refieren a los asesinatos cometidos durante la llamada «noche de los cuchillos largos»— confirman su conocimiento pleno de las atrocidades que desde el principio cometieron los nazis. Pese a ello, siguió colaborando estrechamente con el régimen.

Como queda dicho la carrera política de Speer se inició en 1937 cuando fue nombrado por Hitler inspector de los edificios de Berlín. El cargo dotaba al arquitecto de considerable poder, cosa que le permitió iniciar un planteamiento urbanístico con el que pretendía convertir a Berlín en la capital del mundo. Al margen de este magno proyecto Speer también se encargó de construir una nueva Cancillería del Reich. La realización de todos estos planes arquitectónicos exigía una extensa mano de obra e ingentes sacrificios para cuantos intervinieran en ellos, pero tales detalles no parecían preocupar al hombre que gozaba de todo el apoyo de Hitler.

Esta despreocupación de Speer por las arbitrariedades que empezaban a teñir el ascenso imparable de los nazis, era una consecuencia de sus ansias de convertirse a toda costa en el todopoderoso arquitecto del Reich. Las pretensiones que albergaba Hitler de llegar a dominar Europa y, tal vez, el mundo le estimulaban en su trabajo. En sus últimos años confesaba a su biógrafa Gitta Sereny los sentimientos y aspiraciones que poblaban su cabeza en aquellos años previos a la guerra: «Por supuesto estaba al tanto de que Hitler buscaba la dominación del mundo. Pero en aquellos momentos yo no pedía nada más. En el fondo, lo que yo quería para aquel gran hombre era que dominara el mundo». Y si Hitler llegaba a dominar el mundo, él Albert Speer llegaría a ser también el arquitecto universal.

Con tales ideas en la cabeza, Speer no dudó en apoyar la invasión alemana de Polonia y la guerra que, indudablemente, habría de seguir a esa invasión. Como dato curioso señalemos que a principio de 1940 Stalin, impresionado por la fama de Speer, le invitó a visitar Moscú, cosa que Hitler no autorizó.

La desaparición de Fritz Todt, Ministro de Armamento del Reich, muerto en un accidente de aviación en febrero de 1942 convenció a Hitler para nombrar en ese puesto a Speer. Éste, en sus memorias, cuenta que cuando Göering se enteró de la muerte de Todt quiso ocupar inmediatamente su puesto, cosa que Hitler rechazó ordenando en su lugar el nombramiento de Speer. Una decisión que, como veremos, resultó muy acertada.

Speer se encontró con que la estructura y el desarrollo del ministerio de Armamento mostraban numerosas deficiencias, lo que impedía una producción armamentística totalmente necesaria para cubrir las demandas del conflicto bélico que estaba teniendo lugar. En cuestión de meses organizó radicalmente los programas de producción adecuándolos a las necesidades de la guerra, siempre con la aprobación de Hitler que tenía plena confianza en su nuevo ministro. Una confianza que era vista con admiración —y no poca envidia— por los altos mandos del Reich. El mismo Goebbels reconocía que Speer era un genio de la organización y que gozaba de toda la consideración de Hitler, aunque resulte difícil saber si tal reconocimiento gozaba de su simpatía.

Lo cierto es que en 1943 Speer tenía un poder inmenso. Sus propuestas para mejorar la producción armamentística implicaban, no obstante, unas condiciones durísimas para los trabajadores empleados en esas tareas. Sirva de ejemplo el hecho de que solamente en un mes murió casi el seis por ciento de los trabajadores empleados en la factoría subterránea de Mittelwerk encargada de la producción de las famosas V-2. Todos estos trabajadores, que procedían de los campos de concentración nazis

Albert Speer, arquitecto y confidente de Hitler, fue un eficaz tecnócrata que logró dar forma con maquetas y edificios a los sueños visionarios del Führer.

y vivían bajo unas condiciones de auténtica esclavitud, enfermaban y morían en tal cantidad que Speer llegó a decir que las condiciones en que trabajaban estos prisioneros eran absolutamente insoportables, y que él se sentía en cierto modo culpable de que tal cosa sucediese. Pero, pese a estos comentarios, la situación de los trabajadores-esclavos no mejoró en absoluto.

En 1944 Speer cayó enfermo, circunstancia que le obligó a verse apartado de su cargo durante bastantes meses; un tiempo que sus envidiosos compañeros, especialmente Göering, Himmler y Bormann, quisieron aprovechar para relegarlo. No obstante, y una vez restablecido, el arquitecto del Reich volvió a gozar del aprecio de Hitler, quien ordenó que se encargara de nuevo de todo el aparato armamentístico alemán. Indiscutiblemente, los lazos de amistad que unían a los dos hombres eran muy fuertes.

Parece ser que cuando se fraguó el último y más importante de los atentados contra Hitler, en 1944, los conspiradores habían incluido el nombre de Speer como un posible candidato a la sucesión del dictador.

Afortunadamente para él cuando esa lista cayó en poder de las SS las anotaciones que había sobre su nombre, y que no le implicaban en el atentado, le libraron de toda sospecha. Pero un año después, en 1945, con los aliados a las puertas de Berlín, Speer trató de impedir algunas de las órdenes dictadas por Hitler de arrasar extensas zonas de Alemania, a fin de evitar que éstas y el armamento que todavía quedaba en ellas cayera en poder del enemigo.

Finalmente, ya en abril de 1945, Speer tuvo la última entrevista con Hitler en la que éste, según las memorias que el arquitecto escribió posteriormente, le confesó su intención de suicidarse. El 29 de abril, un día antes de su muerte, Hitler redactó su testamento en el que se omitía el nombre de Speer en todos los importantes puestos designados por él.

Conviene recordar que esta postura de suspicacia mantenida por Hitler con su otrora íntimo colaborador, e incluso amigo, tenía variados motivos. Ya en 1943 le mantuvo al margen del programa de cohetes que dependía enteramente de las SS de Himmler, personaje hacia el que Speer sentía una profunda enemistad personal. El programa para el desarrollo de las V-2 era algo que el ministro de Armamento consideraba una total insensatez. Algo parecido sucedió con otros proyectos militares, como el de los bombarderos intercontinentales a reacción, que dependían enteramente de la Luftwaffe dirigida por Goering, otra figura del régimen con la que Speer mantenía un trato más bien hostil.

Tras la muerte de Hitler, Speer ofreció sus servicios al nuevo régimen del Reich presidido por el almirante Karl Dönitz, el llamado «gobierno de Flensburgo» que duró tan solo unas semanas. Pero a finales de mayo, tanto él como otros altos cargos del régimen fueron detenidos por los aliados.

El antaño todopoderoso ministro fue juzgado en Nuremberg por crímenes de guerra. Según observadores que presenciaron el juicio, Speer «causó una buena impresión porque habló honestamente y sin intenciones de eludir su responsabilidad ni su culpabilidad en todo lo sucedido». En principio los rusos pidieron para él la pena de muerte pero esta petición no fue tenida en cuenta, y la definitiva sentencia le condenó a veinte años de reclusión al habérsele encontrado culpable de crímenes de guerra y crímenes contra la Humanidad.

Indiscutiblemente, Speer logró salvar su vida al saber jugar a la perfección su papel de hombre arrepentido; y tras su encarcelamiento, durante el cual escribió el libro de sus memorias, que tuvo un enorme éxito una vez fue puesto en libertad, pudo disfrutar de una vida relativamente tranquila. La controversia suscitada por su auténtico papel durante el régimen nazi y su discutible arrepentimiento hizo correr ríos de tinta. ¿Estuvo al tanto, como muchos autores sostienen, de los horrores del Holocausto?¿Utilizó sin reservas la mano de obra de los prisioneros-esclavos, aún sabiendo las atrocidades que aquel trabajo significaba? ¿Fue tan solo un patriota o simplemente un criminal enmascarado? La discusión está servida, pero hay ciertas evidencias que no pueden quedar al margen.

El propio Albert Speer confesaba no saber qué hubiera hecho si Hitler llegara a pedirle que tomara medidas de una extrema dureza para llevar a cabo sus proyectos. Las incógnitas que dejó a su muerte fueron muchas y siguen sin respuesta.

Es casi seguro que Speer mintió, o bien ocultó la verdad, en el proceso de Nuremberg sobre muchas de las atrocidades nazis, pues resulta evidente que el milagro armamentístico de Hitler durante la guerra se realizó a costa de la vida de miles —centenares de miles— de prisioneros

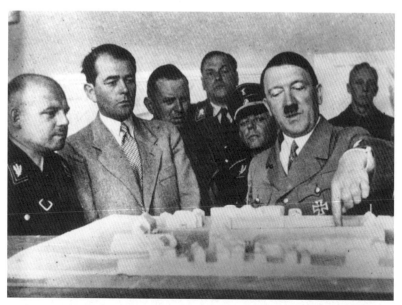

Speer tenía la misión de convertir la provinciana Berlín en una gran metrópolis llamada «Germania» que superaría en belleza y en grandiosidad a París y Viena.

condenados a trabajos forzados, y que Speer no podía ignorar por completo estos terribles hechos. Y el caso es que muchos años después de finalizada la guerra se encontraron documentos que mostraban que había participado directa o indirectamente en los crímenes nazis.

En 1981, a los 76 años de edad, murió el maestro de Arquitectura del Tercer Reich víctima de un ataque cerebral.

5

Esperando el milagro

Un enigma militar: «La Operación león marino»

Entre los abundantes enigmas que salpican la historia de la Segunda Guerra Mundial, tal vez ocupe un puesto destacado la denominada «Operación león marino», por las repercusiones que tuvo en el conflicto. Veamos seguidamente cómo se desarrollaron los hechos de esta operación militar que, por otro lado, nunca se llevó a efecto.

Sin que, aparentemente, los servicios secretos de las potencias europeas hubieran detectado la posibilidad de que se pudiera producir un hecho militar de semejante trascendencia, —las exigencias nazis del corredor de Dantzig no parecían motivo suficiente para un conflicto militar— el primero de septiembre de 1939 las tropas del Tercer Reich invadieron Polonia, tras la ruptura de relaciones de la Alemania nazi con aquel país. Al cabo de poco más de dos semanas el ejército polaco había sido barrido y Polonia, con su Gobierno huido, se encontraba en poder de Alemania.

La invasión y conquista de Polonia fue la chispa que desencadenó la guerra. Inglaterra y Francia, que habían firmado alianzas con Polonia, se sintieron obligadas a enfrentarse con la Alemania nazi ante aquella agresión injustificada a un país amigo.

A la conquista de Polonia siguieron unos meses en los que no se produjo prácticamente actividad bélica alguna. Fue la llamada «guerra fantasma», en la que tanto los aliados como los alemanes no parecían tener ganas de enfrentarse en serio, tal vez porque Hitler pensaba, que tras la derrota fulminante de Polonia, tanto Inglaterra como Francia renunciarían a continuar en guerra con la Alemania nazi.

Una vez llevada a cabo la invasión de Polonia se produjo, ocho meses más tarde, la ocupación de Dinamarca y Noruega; una operación que, por lo que se refiere a este último país, se hubiera considerado imposible dada la superioridad naval inglesa que protegía las aguas del Mar Báltico. A pesar de ello, los convoyes alemanes supieron burlar la vigilancia británica, y la invasión de Noruega se culminó sin problemas. Un mes más tarde, exactamente el 10 de mayo de ese mismo año 1940, los alemanes avanzaron y ocuparon Holanda, Bélgica y Luxemburgo en cosa de pocas semanas. El mundo tenía la impresión de que los ejércitos nazis eran invencibles. Alemania, a juicio de Hitler, se disponía a establecer un imperio que habría de durar mil años.

Ocupados los Países Bajos el ejército alemán siguió su avance hacia la Línea Maginot, un frente defensivo que se consideraba inexpugnable, pero que las tropas alemanas rodearon sin mayores obstáculos avanzando por el norte de Francia. En los primeros días de junio, el ejército francés quedó definitivamente derrotado y París cayó en poder de los alemanes el 14 de ese mismo mes. El mariscal Petain, símbolo de la gloria militar francesa de otros tiempos, firmó el armisticio con Alemania pocos días más tarde.

Esta campaña fulgurante y victoriosa de las tropas alemanas tenía que verse coronada con la definitiva derrota de Inglaterra. El ya mencionado historiador William Shirer, que se encontraba por aquellas fechas en Berlín, informaba que la opinión general era que Hitler se disponía a invadir Gran Bretaña en breve. Se trataba de algo lógico y previsible.

Sin embargo y durante algún tiempo Hitler se resistió a la idea de esa invasión, porque esperaba que tras el avance imparable de sus tropas y la conquista de media Europa los ingleses se decidieran a establecer un tratado de paz. Por otro lado, el jerarca nazi sentía una cierta afinidad con los pueblos de origen sajón y tal vez esperase, en su fuero interno, una posible alianza con los ingleses. Al margen de estas hipótesis, el hecho es que también se estaban bosquejando ciertos planes de paz por parte de algunos países neutrales. Por todo ello, Hitler esperaba.

Pero semejante espera llegó a su fin en el mes de julio. Se cursaron las órdenes para un inminente desembarco en las costas inglesas. Las palabras de Hitler no dejaban lugar a dudas: «He decidido preparar una operación de desembarco contra Inglaterra, y de llevarla a cabo si fuera necesario. El propósito de Alemania es eliminar las bases militares que pudieran servir para enfrentarse a nuestra nación, y si fuera preciso llevar a cabo la invasión total de ese país». Este era, en definitiva, el propósito de la «Operación león marino».

Sin embargo esta operación que, en principio, estaba prevista para el mes de septiembre y que, a juicio de algún alto mando nazi, serviría para acabar con la arrogancia de Gran Bretaña de una vez por todas, se fue posponiendo una y otra vez sin un motivo que justificase tal demora. Los servicios de Inteligencia nazis habían descubierto que Inglaterra solamente disponía de media docena de divisiones listas para combatir, aunque muy capacitadas para un posible enfrentamiento. ¿Qué estaba sucediendo? Al parecer, los consejeros de Hitler le disuadieron de una invasión en las costas inglesas, pero los motivos de tal consejo siguen siendo desconocidos.

Fuera como fuese, en los primeros días de septiembre de ese mismo año, cuando los alemanes enfervorizados por los continuos triunfos de sus tropas esperaban el aplastamiento total del enemigo, Hitler les dirigió una arenga cuyo contenido les dejó perplejos, al igual que a los historiadores que han estudiado esta circunstancia. Sus palabras incluían una incógnita muy difícil de desentrañar: «Los ingleses se preguntan muy nerviosos por qué no nos decidimos a invadirlos. Yo les digo que se lo tomen con calma. ¡Ya iremos!».

A pesar de esas palabras, destinadas a calmar el ímpetu de su pueblo, Hitler jamás se decidió a la invasión. El enigma de la Operación León Marino nunca fue desentrañado.

Las teorías de un ocultista

Uno de los curiosos personajes que, de alguna manera, tuvieron que ver con esta incógnita de la no invasión de Gran Bretaña por las fuerzas del Tercer Reich fue el escritor inglés Gerald B. Gardner (1884-1964) antropólogo aficionado, hombre entregado al ocultismo y fundador del movimiento Wicca, una especie de asociación dedicada a la brujería. Gardner estuvo también asociado durante cierto tiempo con Aleister Crowley, personaje sinuoso ya mencionado en estas páginas.

Gardner vivió buena parte de su vida en Malasia en donde, posiblemente, se familiarizó con los ritos de los nativos. A pesar de que siempre hizo gala de unos títulos académicos que no poseía, lo cierto es que llegó a ser un buen conocedor de las ciencias ocultas. Tras su estancia en Asia regresó a Inglaterra y se estableció en una pequeña localidad de Hampshire, en donde formó parte de una extraña sociedad dedicada básicamente a prácticas ocultistas. Posteriormente escribió algunos libros sobre Magia que tuvieron cierta divulgación.

Pero el motivo de que incluyamos a Gardner en estas páginas se debe exclusivamente al papel que desempeñó —siempre dentro de su ámbito ocultista— en aquellos años en que Inglaterra temía la posibilidad de una inminente invasión por parte de una Alemania que, por entonces, había conquistado media Europa.

En uno de sus libros, *La brujería hoy*, Gardner expone una teoría que a su juicio determina los motivos por los que Hitler no se decidió a invadir Gran Bretaña; una invasión que, muy probablemente, hubiese puesto punto final a la gran conflagración europea con una indiscutible victoria de la Alemania nazi.

En su obra Gardner escribe lo siguiente: «...Los brujos —sin duda Gardner se refiere a los miembros de una de las sociedades ocultistas inglesas, posiblemente la Wica ya mencionada— emitieron una serie de conjuros a fin de evitar el desembarco de Hitler en las costas inglesas, tras la caída de Francia. Se reunieron y dirigieron el pensamiento y toda su energía hacia el cerebro de Hitler. «No puedes cruzar el mar, no puedes cruzar el mar, no puedes venir...» repitieron insistentemente. No estoy diciendo —continúa diciendo Gardner— que con sus palabras consiguieran detener a Hitler, solo estoy refiriendo que presencié una ceremonia muy interesante destinada a introducir cierta idea en la mente de Hitler; y que dicha ceremonia se repitió varias veces. Y aunque todos los pormenores para la invasión estaban dispuestos, el hecho es que Hitler nunca

Adolf Hitler era un fiel seguidor de prácticas tales como la parapsicología o las predicciones llevadas a cabo por personas que afirmaban estar en relación con el «otro» mundo.

llegó a intentarla. Los brujos me contaron que sus bisabuelos habían tratado de proyectar la misma idea en la mente de Napoleón, ciento treinta años antes».

No cabe duda de que Gardner estaba sugiriendo que los brujos habían influido de forma determinante en la mente de Hitler. Aún así, continúa diciendo en la misma obra: «Antes he explicado que los brujos llevaron a cabo ciertos ritos y, en mi opinión, consiguieron influenciar en las mentes de quienes controlaban los hilos de la invasión. Sólo se trata de una teoría de mi propia cosecha, y admito que se basa en una superstición, pero creo que cabría seguir ritos similares para influenciar en los cerebros de quienes tienen poder para utilizar armas muy destructoras».

Las palabras de Gardner, que afirma haber presenciado las ceremonias mencionadas, pueden ser sometidas a toda clase de interpretaciones pero lo cierto es que, como se ha demostrado mediante las investigaciones llevadas a cabo por eminentes parapsicólogos, la mente humana puede influir en otra mente, a la distancia que sea y sin necesidad de ningún intermediario. Es posible, pues, que aquellos brujos de Hampshire conocieran mecanismos mentales que no eran de dominio común.

Por otro lado no cabe duda de que tampoco la mente de Hitler funcionaba de un modo corriente. Los altibajos de su carácter, su tendencia a la hipocondría y sus intuiciones un tanto sorprendentes hablan de un hombre cuyo cerebro se movía por territorios muy singulares.

Hitler y su mala salud de hierro

Mucho se ha escrito sobre la salud del Führer del Tercer Reich. Los antecedentes familiares mencionan notables patologías en diferentes miembros de su entorno más cercano, algo de lo que, como es lógico, estaba absolutamente prohibido hablar en Alemania. Pero Hitler no olvidaba estos hechos y, por supuesto, su carácter hipocondriaco los dotaba de una gran importancia.

En octubre de 1937, al término de una reunión con los responsables de la propaganda nazi, no tuvo el menor empacho en afirmar que muy posiblemente no le quedase mucho tiempo de vida y que, por consiguiente, «es imperativo resolver importantes problemas mientras esté vivo.

Las generaciones futuras no estarían en disposición de solucionarlos, y solamente yo estoy capacitado para hacerlo».

Apenas un mes más tarde, Hitler reúne en la Cancillería del Reich a destacadas figuras de su gobierno, entre las que se encuentran Goering, von Neurath y Raeder, a quienes pone al tanto de los objetivos de la política extranjera que ha de llevar a cabo Alemania. A su juicio el país necesita ampliar su «espacio vital» en Europa. Y como tanto Inglaterra como Francia son dos potencias hostiles, que constituyen un claro obstáculo para la necesaria ampliación de ese espacio vital necesario será imprescindible utilizar la fuerza. Sus palabras no dejan lugar a dudas: «Mi decisión irrevocable es resolver el problema del espacio vital como muy tarde entre 1943 y 1945, en el supuesto de que yo todavía siga con vida». Como se puede ver, este hombre, que por entonces apenas cuarenta y ocho años de edad, no piensa que pueda vivir mucho tiempo.

Hitler cree que está condenado a una muerte cercana y decide redactar su testamento, puesto que esa fecha de 1943 le resulta excesivamente lejana. En agosto de 1939 vuelve a insistir en su posible extinción: «En lo tocante a los puntos esenciales, todo depende mí y de mi existencia… Probablemente, en el futuro no habrá un hombre que tenga la misma autoridad que la que yo tengo. Por consiguiente, mi existencia es un factor de gran valor. Pero yo puedo perecer a manos de un criminal o de un desequilibrado…»

Comenta Francois Kersaudy en su obra *Les secrets du III Reich* que la amenaza tantas veces imaginada por Hitler de una muerte prematura se encuentra en la base de esa aceleración brutal de sus planes de conquista. En el verano de 1939 el país que se encuentra en su punto de mira es Polonia, a la que hay que invadir lo antes posible. Pero eso no quiere decir que sus ansias expansionistas vayan a verse colmadas con esa conquista. Es necesario prepararse para una guerra con las potencias occidentales, advierte a sus más íntimos colaboradores. Por otro lado, la opinión que le merecen los líderes tanto de Francia como de Inglaterra es muy pobre. «No existe ninguna personalidad de envergadura —dice—. Son dirigentes que están por debajo de la media. Nuestros adversarios no son más que unos piojosos, ya lo pude comprobar en Munich».

La invasión de Noruega es algo que Hitler considera como un desafío a toda la lógica de la guerra, teniendo en cuenta la potencia de la marina británica que domina el Mar del Norte. Se trata de una operación arriesgada que le quita el sueño y que le va a producir una de las tensiones nerviosas más fuertes de su vida, según su propia confesión, hasta que no se vea concluida con éxito.

El estado de nerviosismo y agitación que vive Hitler durante los días de los primeros ataques a las posiciones francesas en el mes de mayo de 1940 es tan considerable que el doctor Morell se ve y se desea, preparando una serie de fármacos para paliar el grado de excitación y agotamiento de su paciente. Los compuestos vitamínicos se multiplican en dosis masivas, unidos a ingestas de calcio, cafeína, extractos de hígado de buey y otras muchas sustancias que el médico considera necesarias para que su paciente pueda seguir manteniendo un elevado nivel de actividad. Una actividad que es total durante estos meses finales de 1940 e iniciales de 1941, en los que sigue paso a paso los ataques que los aviones de Luftwaffe están llevando a cabo sobre Inglaterra; y en los que pronuncia encendidos discursos para estimular —aún más si cabe— a la población. Trata, además, de poner orden en los conflictos personales de sus ministros, y de mantener una serie de entrevistas diplomáticas con Molotov, Franco, Pétain y Mussolini. Por si fuera poco todo esto, no cesa de estudiar los proyectos y maquetas que le presentan sus arquitectos —y muy concretamente Speer— destinados a convertir Berlín en la capital de mundo.

Es evidente que todo este grado de actividad tiene que poner a prueba la salud de cualquier hombre. Pero el caso de Hitler es todavía más extremo. Pese a sus declaraciones de poseer una salud de hierro, la evidencia es otra. Y esto en lo que toca solamente a su salud física, porque la psíquica —que siempre dejó mucho que desear— está haciendo aguas. La cabeza del Führer de Alemania está llena de miedos y suspicacias: no se fía de sus colaboradores, teme constantemente por su vida, cree que su existencia va a ser breve y, por otro lado, contempla con absoluta frialdad la muerte de millones de seres humanos. Indiscutiblemente, el psiquismo de Hitler nada tiene de normal.

Más enfermedades para el Gran Jefe

En el mes de agosto de 1941, tras el inicial avance victorioso de las tropas alemanas en territorio ruso, la resistencia del ejército soviético empieza a dar sus frutos. La inicial alegría exultante de Hitler, que había calculado llegar a Moscú en cuestión de semanas, da paso a un estado de decaimiento y de cólera incontenible. A principios de ese mismo mes cae víctima de un ataque de disentería que debilitará su organismo durante semanas. Morell se pone nuevamente al timón, suministrando al enfermo vitaminas y otros medicamentos que no servirán para mucho. Porque el estado de salud de Hitler no parece mejorar.

En el electrocardiograma que se le efectúa unos días después, aparece una esclerosis de las arterias coronarias, diagnóstico que ha de permanecer en secreto a toda costa. Su ayuda de campo, Von Below, comenta: «Habíamos recibido la orden de guardar el silencio más absoluto sobre su estado de salud». El tratamiento conveniente para tal estado de cosas sería un tiempo de reposo, cosa que el enfermo no acepta en modo alguno; por el contrario, se pasa horas de pie ante sus mapas de campaña, soportando las múltiples molestias que le acosan y quejándose continuamente de acúfenos, jaquecas y dolores gástricos. Morell ya no sabe qué recetar a este enfermo rebelde, y le suministra toda una batería de fármacos que, indudablemente, irán minando todavía más su salud.

Las noticias que llegan del frente del Este son muy poco alentadoras. Ante tal situación Hitler se implica cada vez más en la campaña militar, y esa tensión contribuye a incrementar su deterioro físico. A principios de febrero de 1943 el general von Paulus capitula en Stalingrado. Es una gran derrota que Hitler no logra asumir, como tampoco el hecho de que uno de sus generales favoritos no haya optado por el suicidio.

Según las anotaciones de su ayuda de campo, Gerhard Engel, «el Führer se encuentra profundamente deprimido y no para de hallar por todas partes negligencias y traiciones». Ante tal estado de cosas es natural que la salud de Hitler se resienta todavía más. A pesar de ello el enfermo trata de enmascarar sus achaques, procurando dotar a sus palabras y a sus apariciones ante los subordinados con una energía que realmente no posee.

Aparecen en esa época nuevos síntomas alarmantes en el «Jefe». A finales de 1942 su ayudante Heinz Linge anota lo siguiente: «Su mano izquierda ha comenzado a temblar. Le cuesta mucho controlar ese temblor y disimular su estado ante los demás». Aunque las inyecciones que le pone Morell le proporcionan cierta energía, las cosas no mejoran. La propia secretaria de Hitler describe a su patrón como «un hombre viejo y fatigado», a pesar de que no cuenta más de cincuenta y tres años.

Hitler había previsto llegar a Moscú en cuestión de semanas,
pero el lento avance hacia la capital soviética le llevó a un estado
de decaimiento y de cólera incontenible.

El Reichsführer Himmler, que se afana en tener el mayor número de informes secretos sobre los personajes más destacados del Régimen, no evita tenerlos, asimismo, sobre su jefe. Son informes no del todo veraces, ya que en ellos hay un buen número de anotaciones falsas o tergiversadas. Pero este no es el caso en lo que atañe a Hitler. En el mes de diciembre de 1942 Himmler lee a su terapeuta Félix Kersten, con el que tiene una gran confianza, un informe secreto sobre la salud y los antecedentes médicos de Hitler. Pero al llegar a este punto permítanos el lector que hagamos un alto para reseñar, si quiera sea brevemente, los motivos de la ascendencia que el mencionado individuo tuvo sobre Himmler.

Kersten fue un renombrado terapeuta especializado en técnicas de masaje, dueño de notables dotes profesionales e innata simpatía personal, cualidades con las que logró resonantes éxitos. La fama de sus tratamientos llegó al punto de ser acogido gratamente nada menos que por las cortes de los Países Bajos y Suecia. Esta trayectoria tan brillante le proporcionó también una notable popularidad en Alemania.

Los éxitos terapéuticos de Kersten pronto llegaron a oídos de Himmler, que padecía fuertes trastornos musculares y estomacales, y que no tardó en hacerle llamar a su despacho. A partir del primer contacto con el jefe supremo de las SS, la sintonía que se estableció entre éste y su terapeuta fue en continuo aumento, hasta el punto que Himmler llegó a considerarlo su amigo y confidente.

La ascendencia que Kersten llegó a tener sobre el todopoderoso jefe de las SS le permitió interceder en distintas ocasiones a favor de los judíos, salvando de una muerte cierta a más de sesenta mil de estos, según cálculos del propio Congreso Judío.

Tras el fin de la guerra Kersten se instaló en Suecia en donde las cosas no le resultaron muy favorables, por haber sido el terapeuta de Himmler. No obstante, y tras establecerse en 1949 una comisión suecoholandesa para investigar su actuación durante el régimen nazi, no sólo se reivindicó su figura sino que incluso se le condecoró por su labor humanitaria. Kersten murió en 1960, tras haber recuperado nuevamente su fama de excelente terapeuta.

Pero volvamos de nuevo a ocuparnos de la salud de Hitler.

Cuando Kersten se enteró, a través de los informes secretos que le habían sido facilitados por Himmler, del estado de salud de Hitler se quedó no poco sorprendido al conocer los múltiples trastornos que aquel padecía. Aunque Hitler mantenía una dieta rigurosamente vegetariana y no bebía ni fumaba, se veía constantemente sometido a fuertes dolores de cabeza, vértigos, insomnio y a incipientes temblores en los brazos. Al parecer había sido operado de un pólipo en las cuerdas vocales —operación que se había mantenido en riguroso secreto— y, para sorpresa del mismo Himmler, según informa un dosier clínico que se remonta a 1918, Hitler había presentado ciertos síntomas asociados a la sífilis, de los cuales parecía totalmente curado tras su estancia en un sanatorio de Pasewalk, pequeña población de Pomerania.

Pero estos peligrosos síntomas hicieron nuevamente su aparición —recordemos al respecto que Hitler sufría de una notable impotencia y evitaba cualquier contacto sexual con mujeres, por lo que resultaba un tanto difícil que hubiera contraído por su cuenta una severa enfermedad venérea— en 1937, agravados en esta ocasión por la aparición de una parálisis progresiva, aunque más o menos enmascarada. Es obvio que la herencia recibida de sus mayores no era precisamente la más saludable, porque como ya hemos visto tres de sus hermanos murieron antes de nacer él y, posteriormente, también falleció su hermano Edmund.

Todas estas patologías que aquejaban al Führer de la Alemania nazi las comenta Himmler con Kersten, esperando que éste pueda hacer algo por la salud de su jefe. Pero, evidentemente, el problema es de difícil solución. En primer lugar, como indica el terapeuta, porque nunca ha sido presentado a Hitler; además, las enfermedades de éste superan su ámbito profesional. Por si fuera poco, no es probable que Hitler se deje examinar por alguien que no forma parte del grupo de sus médicos oficiales.

Sin embargo Kersten no duda en preguntarle a su amigo y paciente cómo es posible que siga al lado, y recibiendo órdenes, de un hombre que presenta semejantes lacras. La respuesta que le da Himmler, y se la da poco convencido, es que «no se puede cambiar de caballo en plena carrera». De todas formas, añade, ya habrá tiempo de actuar y de comprobar si los informes médicos que se han hecho sobre Hitler son fiables al cien por cien. Pero ¿qué hace mientras tanto el discutible doctor Morell? Pues el «médico oficial», que en su momento tuvo serias dudas sobre una posible enfermedad venérea de su patrón, sigue suministrándole decenas de fármacos de toda clase a fin de mantenerle en forma, cosa nada fácil dadas las circunstancias. Porque el recuerdo del fracaso de Stalingrado sigue presionando al dictador nazi como una losa y, por si fuera poco, los incesantes bombardeos aliados sobre Berlín tienen aterrada a la población.

En la primavera de 1943 Hitler trata de compensar su prolongada estancia en la «Guarida del lobo» de Rastenburg, lugar frío, insano y húmedo, con continuos desplazamientos por toda Alemania e, incluso, hacia el Este, ya sea al Cuartel General de la Ucrania ocupada o a Smolensko. Pero toda esta actividad no parece mejorar su deplorable estado físico. En la visita que efectúa al mariscal Von Manstein, uno de los oficiales de éste no deja de observar a Hitler: «Me quedé impresionado por su aspecto. Mostraba una piel amarillenta y flácida; no se había afeitado y la guerrera de su uniforme gris estaba llena de manchas de comida. Me asustó la actitud corporal que mostraba con la cabeza gacha y el prominente vientre. Hitler parecía agotado, enfermo. Movía la mandíbula constantemente como si estuviera comiendo, mientras mantenía la mirada fija en un punto, aunque el mariscal le estuviera indicando distintas situaciones en el mapa…»

Sin embargo, a la mañana siguiente el aspecto de Hitler es completamente distinto mientras asiste a la conferencia estratégica que tiene lugar en el cuartel general. No cabe duda de que Morell ha estado trabajando a fondo, si bien los efectos de su magia curanderil solamente obtienen resultados efímeros, porque los generales y oficiales superiores que rodean al Jefe poco después en Smolensko se quedan atónitos ante el aspecto que presenta, y todos aprecian que ha envejecido en poco tiempo. Aquellos que no le conocen se quedan estupefactos cuando ven que en la comida hace probar todos los platos a Morell antes de tomar bocado, por el miedo constante que vive a ser envenenado.

Este acelerado deterioro de la salud de Hitler, que se ve incrementado por culpa de las malas noticias que le llegan del frente —la derrota alemana en Kursk, y la conquista de Sicilia por las tropas aliadas, por ejemplo— necesita de un tratamiento farmacológico de urgencia; porque es necesario contrarrestar los síntomas de los espasmos gástricos, de la cistitis, de las tensiones nerviosas y de los prolongados insomnios. Sería necesario, casi imperioso, que el dictador descansase un poco y que se tomase un respiro en su continua agitación nerviosa. En esos días le confiesa a uno de sus médicos las causas de ese estado de constante nerviosismo que no le abandona en sus horas de descanso: «Vea usted —le dice— durante la noche tengo los mapas del Estado Mayor en mi mente con toda nitidez y puedo organizar sin problemas cada cuerpo de ejército; sé perfectamente en donde se encuentra cada división y puedo organizar cada uno de sus posibles movimientos. Por último, logro quedarme dormido hacia las cinco o las seis de la madrugada».

Pero esos mapas militares muestran a fines de 1943 un estado de cosas poco favorable para las tropas alemanas. Porque los aliados han tomado Nápoles y avanzan hacia Roma, y en el frente del este los rusos han logrado liberar Novgorod. Por si esto fuera poco, en toda Europa actúan con creciente eficacia los movimientos de la Resistencia, los submarinos alemanes han perdido la batalla del Atlántico y los bombardeos de ingleses y americanos destruyen a fondo las fábricas alemanas de armamento. Hitler está furioso y reprende con violencia a Goering por sus continuos fracasos, todo lo cual no hace sino agravar su agotamiento nervioso hasta extremos muy peligrosos.

A finales de febrero de 1944 el dictador decide descansar unos días en Berchtesgaden. Tampoco tiene muchas alternativas porque Berlín está siendo continuamente bombardeado y el búnker de Rastenburg necesita que continuamente se refuercen techo y muros. Cuando Eva Braun se reúne con Hitler en el Berghof se asusta ante el aspecto que tiene su amante. Éste camina cada vez más encorvado, su pelo ha encanecido y las bolsas bajo los ojos son impresionantes. Mientras tanto Morell sigue suministrando a su enfermo incesantes dosis de medicamentos. Pero las cosas van cada vez peor. Los cardiólogos que han examinado los últimos electrocardiogramas hechos a Hitler confirman, dado el estado en que se encuentran sus coronarias, que pueda producirse una crisis cardíaca en cualquier momento. Y en ese mismo año de 1944 eminentes neurólogos que han visto a Hitler en los noticiarios no dudan en diagnosticar que esa forma titubeante que tiene al caminar, esa postura perennemente doblada y los temblores que en no pocas ocasiones sacuden su cuerpo muestran claramente los síntomas del Parkinson incipiente del que ya hemos hablado.

Toda esta patología alarmante no minimiza el papel del infausto doctor Morell que sigue suministrando a su enfermo diariamente cantidades ingentes de píldoras, amén de la continua tanda de inyecciones que no cesa de ponerle.

Resulta sorprendente constatar el efecto que la situación militar ejerce sobre el psiquismo de Hitler. La contra ofensiva llevada a cabo por los alemanes en las Ardenas, que logra detener el avance aliado durante los últimos meses de 1944, parece calmar, como por encantamiento, la mayor parte de los achaques que padece.

Pero todo no será más que una mejoría pasajera. Los males que aquejan al Jefe no van a desaparecer fácilmente sino que, por el contrario, se agravarán indefectiblemente y en poco tiempo.

Las sorprendentes paradojas de Himmler

Pero volvamos nuevamente a las contradicciones de uno de los personajes más nefastos de la extraña «corte hitleriana», al que ya nos hemos referido repetidamente a lo largo de estas páginas: Heinrich Himmler.

Se hace difícil aceptar el hecho de que este temible jefe nazi expresara en varias ocasiones una actitud curiosamente paradójica, muestra indiscutible de un cerebro muy difícil de analizar. El hombre que no tenía el menor reparo en firmar órdenes que significaban el exterminio de millones de seres humanos, podía enfurecerse, por ejemplo, ante el hecho

La Solución Final fue el nombre que utilizaron los nazis para identificar su intención genocida respecto de la población judía europea.

de que Goering, su compañero de Gabinete, se dedicara afanosamente a la caza de cervatillos.

Himmler, el ejecutor de la «solución final», el individuo que tenía como ideal supremo la extinción completa de la raza judía, trató de escudarse durante algún tiempo en la figura de Goebbels, afirmando que éste había sido el auténtico promotor de las masacres llevadas a cabo en los múltiples campos de concentración. «Yo nunca deseé la extinción de los judíos —alegaba—. Es Goebbels el que debe cargar con todo eso sobre su conciencia». ¿Serían ciertas estas declaraciones que algunos historiadores ponen en su boca?

Hay algunos acontecimientos que muestran esta aparentemente inconcebible actitud del jefe de las SS. En realidad, en los últimos meses de 1944, cuando a un observador imparcial ya no le sería posible albergar la menor duda sobre el destino que le esperaba a la Alemania nazi, Himmler tomó decisiones que permitieron salvar la vida de un buen número de judíos. Un hecho real aunque parezca impensable en aquella mente aviesa. Pero lo cierto es que la reunión que mantuvo en octubre de 1944 con el presidente de una asociación humanitaria suiza produjo efectos milagrosos.

Tal conducta inusitada de Himmler resulta verdaderamente paradójica sabiendo que en esas mismas fechas, y a pesar de las pésimas noticias que llegaban de todos los frentes, Hitler aún mantenía unas alocadas ilusiones sobre el futuro de la contienda. Esta desmesurada visión que tenía el Jefe contagió a Himmler que, pese a todo, seguía teniendo fe en él.

Cabe preguntarse cuáles fueron las motivaciones que influyeron en el ánimo de Himmler para que tomara ciertas decisiones como, por ejemplo, la de permitir que la Cruz Roja internacional se ocupara de un buen número de prisioneros escandinavos. Las contradicciones que poblaron esta mente diabólica son notorias. Y no es la menor el cariño que sintió por su hija Gudrun, un cariño plenamente correspondido por ella, que adoraba a «su querido papi»; este papi que no tenía inconveniente en que su querida hijita le acompañase en sus «visitas de trabajo» al campo de exterminio de Dachau.

Himmler siempre se consideró una persona físicamente poco atractiva, por lo que su relación con las mujeres no era un asunto al que dedicase mucho tiempo. En 1926, con poco más de veintiséis años, conoció a la que habría de ser su esposa, Margarete Boden. La relación con aquella mujer, que le llevaba bastantes años, la mantuvo Himmler en secreto por temor a que se opusieran en su familia al noviazgo. No estaba equivocado, porque cuando un par de años más tarde contrajo matrimonio ninguno de sus parientes acudió a la boda. Para el futuro jefe de las SS no fue aquel un matrimonio muy feliz, y no tardó en mantener relaciones extramatrimoniales. La escogida como amante fue su joven secretaria, una tal Hedwig Potthast, a la que Himmler calificaba de «mujer sabia y poseedora de una gran cordialidad».

Entre las múltiples paradojas existentes en la vida de Himmler estaba la dicotomía existente entre el ferviente catolicismo de su juventud y este comportamiento pagano de su madurez, que consideraba la monogamia tal como la predicaba el catolicismo como una obra nada menos que «satánica». Claro está que las contradicciones personales de este individuo son meras minucias al lado de los crímenes que planificó durante su jefatura de las SS. En el fondo podría decirse que tal comportamiento no era más que el reflejo de una mente estrafalaria que, en numerosas ocasiones, se dejaba influenciar por personajes de lo más variopinto.

Y al llegar a este punto es necesario volver a considerar el papel que en todo esto jugó la ya mencionada figura de Félix Kersten, el terapeuta de éxito. Y también la de un extraño personaje oriental, al que se conocía como «profesor Ko», con el que entró en contacto Kersten durante su estancia en Berlín.

El masajista de los milagros

¿Quién era este individuo llegado de Oriente y aparecido en el Berlín nazi como por arte de magia? Poco se sabe de los orígenes del enigmático Ko, si se exceptúa el hecho de que, según le confesó a Kersten, había adquirido sus conocimientos —y no solamente terapéuticos— en Tíbet.

Ko era un chino de frágil estructura física pero de gran temperamento. Sin duda pertenecía a aquella colonia de orientales, más concretamente tibetanos, a cuyos cadáveres aparecidos entre los humeantes restos del Berlín conquistado nos hemos referido en páginas anteriores. Nada se sabe de cómo se originó el contacto y posterior amistad entre el terapeuta oriental y el masajista europeo de moda, pero lo cierto es que ese encuentro dio paso a una entrañable sociedad entre ambos.

El frágil maestro Ko enseñó a su discípulo la esencia esotérica y profunda del masaje terapéutico; y si bien en un principio Kersten no se mostró muy animado a recibir las lecciones de su delicado instructor, pronto comprendió que la sabiduría de éste iba a transformar sus personales métodos curativos. Ko enseñó a Kersten todo un protocolo meditativo necesario para afianzar y enriquecer los frutos del tratamiento terapéutico. Cuando, finalmente, el maestro comprendió que el término de su vida no estaba lejos decidió regresar al Tíbet, pero no lo hizo sin adiestrar previa y debidamente a aquel discípulo con el que había llegado a formar una amistosa y fructífera sociedad. Ko recomendó a Kersten que no olvidara nunca las técnicas meditativas tan necesarias para la concentración y la buena práctica terapéutica. A la vista de los brillantes resultados conseguidos por el discípulo, no hay duda de que las enseñanzas del maestro fueron excelentes.

Como ya hemos comentado en páginas anteriores la fama de Kersten se extendió no solo por Alemania sino también por otros países, llegando incluso a ser el terapeuta de la familia real holandesa. Desgraciadamente para él esa fama llegó a oídos de Himmler a quien tuvo que atender como médico durante años. Nunca sabremos qué hubiera pensado el maestro Ko de la relación establecida entre el jefe de las SS y su antiguo discípulo y socio, pero es posible que se hubiera alegrado al saber que sus enseñanzas sirvieron para que Kersten salvara de las garras de Himmler a muchos miles de judíos.

En páginas anteriores hemos hablado de las múltiples dolencias del Jefe de las SS. Sus padecimientos gástricos le amargaban continuamente la vida, y sus médicos no parecían dar con el origen de sus achaques. Como ya dijimos, Himmler conocedor de los éxitos clínicos que estaba teniendo el terapeuta, mandó llamarle a su cuartel general para que le atendiera, cosa que Kersten se vio obligado a hacer, dominando el nerviosismo que le embargaba. Pero en este caso, como en muchos otros, las enseñanzas de su antiguo maestro Ko le fueron de gran ayuda, y gracias a ellas supo mantener ante aquel temible personaje un notable aire de dignidad.

El propio Kersten refiere su primer encuentro con Himmler. El Jefe de las SS estaba padeciendo insoportables dolores de estómago que ni sus médicos personales ni la medicación que habitualmente tomaba lograban calmar. El terapeuta, haciendo gala de toda su sangre fría, rogó al enfermo que se desnudara y se tendiera sobre el diván de su despacho. Acto seguido puso las manos sobre el cuerpo de Himmler y le pidió que procurase relajarse. Inmediatamente advirtió los graves desequilibrios nerviosos que acosaban al enfermo pero, al mismo tiempo, supo que tal padecimiento podía ser aliviado siguiendo las técnicas que le había enseñado Ko. En muy poco tiempo la mejoría que sintió Himmler le hizo prorrumpir en repetidas frases de agradecimiento, pidiendo a su sanador que accediese a ser su médico personal, ya que los que hasta ahora le habían atendido jamás habían logrado proporcionarle semejante mejoría. «¡Ayúdeme, profesor, ayúdeme!» parece ser que casi le imploró.

Fue así como se inició una relación entre terapeuta y enfermo que, como ya hemos dicho, habría de servir para salvar la vida de muchos judíos. Las enseñanzas del maestro Ko lograrían un milagro a través de las manos de su discípulo.

El amo de los Servicios Secretos

Relacionado en cierto modo, aunque dentro de una constante enemistad, con el siniestro Himmler, se encontraba la enigmática figura que durante los cruciales años de la guerra dirigió los Servicios Secretos del Reich alemán: el almirante Wilhelm F. Canaris.

Uno de los hombres que llegó a conocer bien a Canaris, el general Erwin Lahoussen lo describía como un elemento que poseía indiscutibles cualidades no sólo intelectuales sino también morales, que le situaban muy por encima de la mayoría de sus superiores, «No me producía la impresión de un militar alemán, sino más bien la de un individuo cosmopolita en uniforme de almirante», confesó en cierta ocasión. Sea como fuere, la figura de Canaris fue objeto de todo tipo de apreciaciones por parte de historiadores y periodistas a lo largo de muchos años después de su dramática muerte.

Canaris nació en una pequeña población de Westfalia en 1887, en el seno de una antigua familia de ascendencia italiana. «El pequeño Almirante» como se le conocía por su baja estatura, inició su carrera militar ingresando en la marina imperial alemana a los dieciocho años. Continuó en servicio durante la Primera Guerra Mundial, cayendo prisionero de los aliados y fugándose, posteriormente, de su reclusión en tierras chilenas.

En esta época la vida de Canaris está plagada de actuaciones un tanto aventureras, de huidas y ocultamientos que se prolongan hasta su regreso definitivo a Alemania. En su país de origen es transferido a la oficina de Inteligencia de la Marina, iniciándose de

Wilhelm Canaris fue jefe del servicio secreto militar, la Abwehr.

esta manera su carrera en el mundo del espionaje. Su ferviente anticomunismo le llevó a planear, según opinión del almirante Raeder, el asesinato de importantes dirigentes espartakistas, como fue el caso de Rosa Luxemburgo.

Cuando en 1933 se produce la determinante ascensión del nazismo, Canaris se muestra complacido ya que encuentra en ese hecho la creación de un firme baluarte contra el comunismo. Un par de años más tarde, y ya con Hitler en el poder, se le asigna el puesto de director de la *Abwehr**. Se intensifica entonces su antipatía hacia Himmler y Heydrich que serán sus constantes enemigos políticos, entre otros motivos porque Canaris no alberga sentimientos antisemitas, amén de que tampoco pertenece al partido, algo verdaderamente sorprendente en un jerarca de la Alemania nazi.

En el caso de Heydrich, más concretamente, la antipatía queda justificada por el hecho de que este individuo, amoral, megalómano y paranoico, no puede entender la mentalidad más refinada y discreta del jefe de los espías quien, para colmo, es con su escasa estatura y su aire de intelectual la antítesis del brutal *oberführer*. No es de extrañar por tanto que, poco a poco, Heydrich trate de desacreditarle a los ojos del jefe supremo.

Pero el nuevo jefe de los servicios secretos sabe organizar de forma muy eficaz la labor de contraespionaje, hecho que le merece el respeto de Hitler pese a algunas reticencias, más o menos disimuladas, que pueda sentir hacia él. Porque a Canaris le parecen aterradoras las masacres de judíos que empiezan a llevarse a cabo, y de alguna manera no puede evitar su desagrado.

Canaris conoce muy bien las miserias de los jerarcas nazis, ya se trate de la ambición y avaricia de Göering, de la brutalidad de Heydrich o de las maquinaciones de otros miembros del Gobierno, y sabe jugar a la perfección su papel, lo que le permite mantenerse sin problemas en su cargo de jefe del contraespionaje, e incluso ocuparse de misiones diplomáticas que le encarga el propio Hitler, convencido de que las podrá llevar a cabo mejor que Ribbentrop, su ministro de Asuntos Exteriores.

---

* La *Abwehr* era la organización de Inteligencia y contraespionaje alemana, dependiente del ministerio de la Guerra, que tenía entre otros cometidos enmascarar el rearme alemán a los ojos de las potencias aliadas.

Entre estas últimas tareas está el encargo que se le hace en 1940 de ir a España para convencer a Franco de que se alíe con los alemanes contra Inglaterra, y establezca igualmente los preparativos para la entrevista que han de mantener en Hendaya los dos dictadores. Indiscutiblemente, la elección de Canaris para este encargo es muy acertada no sólo porque habla perfectamente español sino porque tiene una buena relación con su amigo Franco al que, soterradamente, le disuade de que entre en la confrontación europea. A cambio de esta sugerencia, pide al dictador español que suministre a Alemania las materias primas que ésta necesita.

A lo largo de la contienda Canaris juega un importante papel en la sombra estableciendo contactos con los Aliados, a través de intermediarios, para llegar a un posible armisticio. Pero como le confiesa a su segundo, el general Erwin von Lahousen, no es posible llegar a un acuerdo con el enemigo, «Verá usted, amigo mío, —le dijo en cierta ocasión— los que estudien en el futuro esta guerra no se van a preguntar los motivos que la han desencadenado, sino por qué se ha prolongado. Creo que el adversario nos ha impedido poner fin a esta contienda. Una capitulación sin condiciones como se nos exige es algo que nuestros generales no admitirán jamás, y yo no veo ninguna otra solución».

Como se puede apreciar las cosas no marchan muy favorablemente para las perspectivas de Canaris que, poco a poco, va perdiendo el favor de Hitler. Éste no ha pasado por alto que las órdenes dadas a la Abwehr para asesinar a Churchill y a otros jefes militares aliados, como Weygand y Giraud, no se hayan cumplido. Por el contrario, el dictador nazi no llegará a saber que Canaris ha hecho fracasar el intento de las SS para aniquilar al Papa y al rey de Italia, avisando previamente de ello a su buen amigo el general Amé.

El atentado llevado a cabo por patriotas checos y agentes del SOE*, que en 1942 acabó con la vida de Heydrich y significó, como represalia nazi, el exterminio de la población de la pequeña localidad checa de Lídice, permitió a Canaris verse liberado de uno de sus peores enemigos. Lamentablemente a Heydrich le sucedió otro individuo no menos brutal

---

* El SOE (Special Operations Executive) fue una organización de agentes secretos, creada durante la Segunda Guerra Mundial por los servicios de espionaje ingleses. La organización llegó a contar 13000 agentes y dio apoyo a casi un millón de espías en todo el mundo.

y fanático: Ernst Kaltenbrunner que tampoco podía gozar de las simpatías del jefe de la Abwehr.

A medida que fue avanzando la contienda, Canaris comprendió que eran muy pocas las posibilidades que tenía Alemania de ganar la guerra. Por si esto fuera poco también estaba al tanto de las atrocidades que se cometían en los campos de exterminio, lo que le producía un profundo horror. Enemigo de deformar los hechos no se priva de informar a Hitler —a quien ve personalmente en muy contadas ocasiones— de la situación real de la campaña bélica, cosa que disgusta notablemente al dictador nazi que califica a su jefe del Servicio Secreto de «pesimista». Todos estos acontecimientos van convenciendo a Canaris de que su puesto empieza a correr peligro. La situación se complica todavía más en febrero de 1944, cuando el responsable de los servicios secretos alemanes en Estambul deserta y vuela con su esposa a Inglaterra, huida que constituye un duro golpe para el espionaje alemán en Turquía. Hitler no duda en hacer responsable de este incidente a Canaris, al que a partir de este momento se le relega ostentosamente.

No obstante, las cosas parecen experimentar un brusco y favorable cambio para Canaris a principios de 1944, porque su destitución crea un auténtico caos en toda la urdimbre del espionaje alemán. Los agentes secretos en activo en varios países —España, Portugal, Francia y Suecia, por ejemplo— se niegan a colaborar con Himmler, el nuevo jefe designado por Hitler. Éste se ve obligado a aceptar nuevamente los servicios del pequeño almirante. Pero las cosas ya no le serán favorables a partir de ahora.

El 20 de julio se produce el fracaso del atentado contra Hitler y comienzan los apresamientos, las torturas y los ajusticiamientos de decenas de implicados. Himmler hace desaparecer una serie de documentos que le podrían comprometer, manifiesta su satisfacción por el hecho de que Hitler haya salido indemne del atentado —«El Führer es invulnerable», afirma muy satisfecho a cuantos quieran escucharle— e inicia su particular caza de Canaris. No importan poco ni mucho los procedimientos que se puedan seguir para comprometer al antiguo jefe de la Abwehr, lo importante es borrarlo de la escena política y, si es posible, del mundo de los vivos. Y sus deseos empiezan a realizarse.

A principios de febrero de 1945 Canaris es recluido en el campo de concentración de Flossenbürg, y dos meses más tarde es condenado a muerte acusado de haber tomado parte en un complot contra Hitler. La condena se cumple en el amanecer del 9 de abril. Hitler tan solo sobrevivirá tres semanas al mandamás de sus espías.

Un artista de poco fuste

Demos ahora un salto en el tiempo y situémonos en la primera década del siglo XX, unos años que no constituyeron precisamente para el Adolf Hitler de entonces una época de miel y rosas.

Cuando el futuro Führer de la Alemania nazi hace un repaso de sus años de juventud en su obra *Mein Kampf*, no ahorra una serie de lamentos y comentarios autocompasivos al referirse a un tiempo que le resultó muy duro. Al comentar, por ejemplo, lo acontecido durante los años transcurridos entre 1909 y 1913 anota que en esa primera etapa vivida en Viena había tenido que pasar por continuas estrecheces y miserias que le obligaron a llevar una existencia «de lo más bajo», según sus propias palabras.

Pero a poco que se analice la vida de aquel muchacho venido de provincias, uno tiene la impresión de que las vicisitudes que le acompañaron en aquellos años eran en gran medida producto de su propia desidia y petulancia. Porque no cabe duda de que, por entonces, a aquel joven Hitler que se consideraba sin tapujos un artista incomprendido le gustaba poco trabajar. Al parecer, el que hubiese sido tajantemente rechazado su ingreso en la Academia de Artes vienesa tampoco había menoscabado su autoestima. Él se consideraba por encima de esas menudencias.

Lo cierto es que al menos durante los dos primeros años de su estancia en Viena no tuvo que pasar demasiados apuros. A la muerte de su padre se le concedió una pequeña pensión de orfandad, y el posterior fallecimiento de su madre, cuando él apenas tenía dieciocho años, le proporcionó una pequeña herencia con la que pudo subsistir sin grandes problemas durante un año, sin verse obligado a trabajar como cualquier joven de su condición y pudiendo dedicarse por entero al *dolce far niente*. Una existencia de absoluta indolencia que él trató de enmascarar posteriormente en su autobiografía, convirtiéndola en una etapa de sufrimiento y privaciones.

Naturalmente aquel dinero heredado no podía durar mucho tiempo y Hitler se vio obligado a pintar pequeñas acuarelas que su socio ocasional, Reinhold Hanisch, vendía como podía y que permitían a ambos ir viviendo, mal que bien. No obstante esta asociación, medio artística medio comercial, no habrá de durar mucho tiempo porque a Hitler no le gustan los enredos monetarios de su socio.

Una vez más, y por fortuna para él, a sus veinticuatro años Hitler dispone de una pequeña cantidad, la herencia a la que ya nos hemos referido, y puede realizar uno de sus sueños: abandonar la Viena que detesta y mudarse a Munich, ciudad en la que espera sacar mayor partido a su reducida capacidad artística. Pero entonces se produce un acontecimiento inesperado: el estallido de la Primera Guerra Mundial. Hitler ve en ello una circunstancia providencial y se alista, lleno de entusiasmo, en el ejército alemán.

Al antiguo pintor de pequeñas acuarelas no parecen importarle demasiado las terribles inclemencias de la guerra, ni que su carrera militar se vea reducida a ser un simple cabo de Comunicaciones. Muy teatralmente afirmará, en las páginas del panfleto que habrá de escribir más tarde, que todo sufrimiento personal es insignificante si se lo compara con las desgracias de la patria.

Pero la guerra concluye y el joven cabo, que ha sufrido una ceguera pasajera a causa de los gases tóxicos del frente, tiene que enfrentarse a un futuro que se le presenta un tanto problemático.

El «rey de Munich»

A mediados de 1919 un Adolf Hitler recién licenciado del servicio militar se da a conocer como incipiente orador en las charlas que tienen lugar en los cursos de formación antibolchevique de la Universidad de Munich. Estas charlas en las que el político en ciernes se mostraba muy incisivo y convincente impresionaron al jefe del todavía débil Partido Obrero Alemán, que trató de persuadirle para que ingresara en su movimiento político. Esos deseos pronto se vieron cumplidos porque, pocos meses después, Hitler se hacía miembro del Partido, aunque con la intención oculta de convertirse lo antes posible en su jefe.

Fue a partir de 1920 cuando Hitler empezó a ser conocido en los círculos políticos muniqueses. Y fue entonces también cuando conoció al poeta y dramaturgo Dietrich Eckart, al que ya nos referimos en páginas anteriores. Eckart presentó a su joven amigo a influyentes personalidades de la sociedad de Munich que, al parecer, pronto quedaron impresionadas por la oratoria del futuro dictador nazi. En este círculo se encontraban nombres muy conocidos de la burguesía bávara, como era el caso del industrial Borsig, o el de los famosos fabricantes de piano Bechstein. Con tal estado de cosas el dinero empezó a fluir a las arcas del recién formado Partido. Claro está que las finanzas del propio Hitler también se vieron beneficiadas con los donativos de los bolsillos patrocinadores. Al llegar a este punto hay que mencionar un nombre que sobresale entre todos los simpatizantes del joven Partido: el de Henry Ford. El magnate americano del automóvil fue sin duda uno de los mayores admiradores del jefe nazi; sin duda porque en él veía la encarnación del antisemitismo, un sentimiento que compartía por entero. No es de extrañar, pues, que la relación entre los dos individuos fuera muy amistosa y prolongada. Entre otras atenciones y muestras de simpatía Ford enviaba todos los años al Führer una donación de cincuenta mil marcos como regalo de cumpleaños. Es comprensible, por tanto, que un Hitler ya instalado en el Poder condecorase en 1938 al magnate ultranacionalista americano en señal de agradecimiento.

Resulta innegable que, desde los primeros tiempos de su ascensión política, el futuro jefe de la Alemania nazi no le hizo remilgos al dinero, por más que tratase de dar una imagen muy diferente a sus seguidores. En los primeros años veinte estaba bien visto en la sociedad burguesa de Munich invitar al joven político ultranacionalista al que se colmaba de regalos y donaciones; unas donaciones que no iban en su totalidad a las arcas del Partido, sino en buena medida a los bolsillos del nuevo líder. El escritor y periodista Wulf Schwarzwäller en su libro *El dinero de Hitler* escribe lo siguiente: «Si a Hitler se le entregaba dinero no se le pedía recibo alguno, porque él tenía plena libertad para distribuir las donaciones como mejor le parecía; y a nadie se le ocurría preguntarle de dónde sacaba el dinero para vivir, porque podía responder muy bruscamente». Por lo general solía afirmar que se sacrificaba por el partido, pues su vida era de lo más modesta. Los hechos, sin embargo, no confirmaban tales palabras. Lo cierto es que el antiguo «cabo bohemio» siempre se mostró como un auténtico megalómano, aunque al principio quisiera guardar las apariencias ocupando, por ejemplo, una vivienda modesta en la que habitó durante algún tiempo.

El ya mencionado Wulf Schwarzwäller escribió en su momento que Hitler contemplaba el dinero como un medio para disfrutar de una vida agradable y tranquila aunque el ahorro, por ejemplo, no fuera algo que le preocupase. Por lo demás tenía a su alrededor personas que se ocupaban de las finanzas. El poeta nacionalsocialista Eckart, por ejemplo, se encargaba de buscar y avalar préstamos, y de este modo los donativos seguían engrosando las arcas del Partido. Se fundaron al mismo tiempo nuevas instituciones, como la Asociación Obrera Nacionalsocialista Alemana, la editorial Franz Eher Verlag y el periódico *Völkischer Beobachter* del que era redactor jefe Eckart, siendo Hitler presidente de todo el entramado.

Todas estas actividades que reportaban suculentos ingresos al jerarca nazi eran enmascaradas, para que en ningún momento se le considerase un hombre interesado por el dinero, un burgués de tomo y lomo. Era ésta una figura que muy ladinamente él trataba de combatir. Pero quienes le conocían bien, es decir, sus compañeros de partido ya le habían puesto un apelativo: «el rey de Munich».

Los mecenas del nazismo

Además de la figura de Henry Ford que tantas simpatías sintió por Hitler —y al que tanto admiró y apoyó económicamente—, hay dos nombres en la Alemania de los años treinta que destacan sobre todos los demás en el ámbito de los simpatizantes de aquel nazismo en continua ascensión: Thyssen y Bechstein.

Por lo que respecta al primero, hay que decir que este Fritz Thyssen —hijo de August, el patriarca fundador de la saga familiar y del imperio económico—, fue una de las figuras que, a juicio de determinadas fuentes, financió muy generosamente al partido nazi en sus primeros años. Según esas mismas fuentes, Fritz Thyssen conoció a Hitler en 1923, cuando el futuro dictador nazi empezaba a hacerse notar en los círculos políticos de la derecha. La oratoria y las ideas políticas de Hitler impresionaron al industrial hasta el punto que en ese mismo año, en el que la inflación arrasaba la economía alemana, donó una elevada cantidad —se baraja una cifra superior a cien mil marcos oro— al joven partido nacionalsocialista. Posteriormente, cuando Rudolf Hess se dirigió a él en 1928 para solicitarle ayuda económica, en vista de las crecientes difi-

Mientras que la mayoría de políticos de derecha hablaban de manera pomposa
y aburrida, Hitler siguió el modelo de los agitadores de izquierda.

cultades por las que estaba pasando el partido, el industrial alemán llegó a entregarle más de un millón de marcos, donación que le convertía en uno de los mayores benefactores del nazismo.

Pero la amistad de Fritz Thyssen con Hitler sufrió un serio revés cuando en 1939 se firmó el pacto de alianza entre la Alemania nazi y la Unión Soviética. Opuesto a esta línea política y, posteriormente durante la guerra, a las persecuciones contra los judíos llevadas a cabo por los nazis —apuntemos al respecto que era un católico practicante— Thyssen prefirió alejarse de su país huyendo a Francia. No tuvo mucha suerte, porque el gobierno de Vichy lo detuvo y lo devolvió a su país. Hitler mandó internarlo primero en un sanatorio y posteriormente en el campo de concentración de Sachsenhausen, en donde permaneció junto con su esposa que no quiso abandonarle, hasta que fue liberado por las tropas aliadas. Fritz Thyssen murió en Argentina en 1951.

Otra de las grandes benefactoras del incipiente nazismo fue Helene Bechstein, casada con el heredero de la famosa fábrica de pianos. La amistad de esta mujer con Hitler data de 1921, año en el que el futuro líder nazi empezaba a dar importantes pasos en política gracias a su jefatura del NSDAP (El inicial Partido Nacionalsocialista Alemán).

Cuando en noviembre de 1923 Hitler, acompañado por sus acólitos Goering, Rosenberg y Hess, llevan a cabo el famoso *putsch* de Munich, cuyo fracaso ocasionó el encarcelamiento del jefe nazi, la Bechstein visita casi diariamente a su joven ídolo político. Posteriormente, los Bechstein mantendrán el flujo de las donaciones al partido nazi. En un atestado policial de 1924 Helene Bechstein afirma haberle entregado a Hitler una serie de objetos artísticos, algunos de los cuales son de gran valor, para que hiciera con ellos lo que mejor le pareciera.

A la vista de todo ello, no hay duda de que al jerarca nazi le llovían por todas partes los regalos de las complacientes clases burguesas.

Una espía de pocos vuelos

Al revisar los archivos de los servicios de Inteligencia nazi no es difícil comprobar hasta qué punto la Alemania de Hitler no dudó en utilizar a mujeres pertenecientes a la vieja aristocracia germana para recabar información secreta del enemigo, especialmente a partir del estallido de la

Segunda Guerra Mundial. El caso de Hildegarde von Reth es un claro ejemplo de esta clase de mujeres dedicadas a tan peligrosas actividades.

Hilde von Reth pertenecía a una familia de la pequeña nobleza renana establecida desde hacía mucho tiempo en Maguncia, ciudad en la que la futura espía vino al mundo en 1907. Poco se sabe de la vida de esta mujer, cuya juventud debió transcurrir en el marco convencional de las jóvenes de su clase social, hasta que en el año 1934 contrajo matrimonio con el conde Von Seckendorff. Fue éste un enlace poco afortunado, porque apenas transcurridos un par de años desde la boda, el desilusionado conde pidió el divorcio. Sin que se sepan muy bien los motivos que le impulsaron a ello la ex condesa solicitó entrar en el servicio de contraespionaje alemán. Tal vez debido a las posibilidades que ofrecía su condición aristocrática fue rápidamente admitida y enviada a Francia en donde colaboró hasta bien entrada la guerra.

Durante los primeros años de la ocupación la condesa Von Seckendorff fue adscrita, con el nombre de guerra de Mercedes, a una de las subsecciones que los servicios de espionaje nazis tenían en París, concretamente en el número 11 del boulevard Flandrin. El cometido que se le había encargado era reunir información sobre lo que se pensaba en las altas esferas parisinas, para lo cual también se le había permitido crear una red de colaboradores a los que se les pagaba según la importancia y calidad de sus informes.

Pese a todo ello el trabajo de la Seckendorff no era muy relevante, pues en la mayoría de los casos se limitaba a recoger habladurías, comentarios y chismorreos de lo que se cocía en la *high life* del París ocupado. Pero a pesar de eso la habilidad que mostró en su labor le permitió que, poco a poco, se le fueran encargando otros cometidos de mayor importancia, lo que le permitió ampliar la red de sus informantes, algunos de los cuales eran agentes dobles.

Las ventajosas relaciones que mantenía con el mundo periodístico y, sobre todo, sus abundantes enredos amorosos permitieron a la antigua condesa, que decía ser también corresponsal de prensa, establecer una serie de provechosas relaciones en el mundo del espionaje y del contraespionaje nazi.

En 1944, cuando el avance de los Aliados hacia París se mostraba incontenible, la Sackendorff abandonó París. Un año más tarde se encontraba en Bonn trabajando, en esta ocasión, para un mayor del ejército inglés.

No cabe duda de que la antigua condesa, aunque no fuera una nueva Mata Hari, se las arreglaba muy bien para saber nadar entre dos aguas. Todo ello no impidió que, una vez finalizada la guerra, se ordenara su busca y captura por haber colaborado con el enemigo. Pero ella, siempre ladina, ya se había vuelto a casar con un militar inglés y establecía su residencia en Escocia.

En 1950 los tribunales franceses la condenaron a muerte; pero fue ésta una condena que nunca llegó a cumplirse, porque la antigua espía supo escapar a la justicia una vez más ocultando su auténtica personalidad. Por suerte para ella, veinte años después, la policía internacional dejó de buscarla.

Un imperio de gangsters

En cierta ocasión Alan Bullock, historiador al que hemos mencionado en páginas anteriores, escribió que el Tercer Reich era un imperio de gangsters. Y añadía que la actuación de sus dirigentes hacía pensar en la de los protagonistas de un film de serie B. También podría añadirse que el comportamiento de los gobernantes de la Alemania nazi recordaba, en innumerables ocasiones, el de un montón de escorpiones metidos en una caja. A pesar de ser todos de la misma calaña —o tal vez por eso mismo— se odiaban a muerte entre ellos.

François Kersaudy que analizó con detalle estas insidias entre los altos mandos nazis, apunta tres elementos utilizados por estos siniestros truhanes para dirimir sus divergencias. El primero de ellos, que aparentemente simulaba ser el menos peligroso pero que no dejaba de ser muy eficaz, se basaba en los rumores y las insinuaciones que empleaban unos contra otros. Los maestros en este terreno eran Heydrich, Bormann y Goebbels y sus secuaces. Hacían correr los rumores de que Goering es impotente y de que, por consiguiente, su hija no podía ser suya (en realidad se supo más tarde que había sido concebida mediante inseminación artificial); que Schacht estaba en permanente contacto con el judaísmo internacional y que había que vigilarlo muy de cerca*; que a Hess se le

---

* Hjalmar Horace G. Schacht fue un notable financiero alemán que ocupó la cartera de Economía del Tercer Reich entre 1934 y 1937.

conocía en ambientes dudosos como *Señorita Ana*; que Rosenberg era medio judío; que Speer abrigaba en secreto sentimientos derrotistas, etc. Las críticas y descalificaciones, más o menos soterradas, eran el pan nuestro de cada día entre los jerarcas nazis.

El segundo de los elementos utilizado por unos y otros para desacreditarse mutuamente se centraba en la intimidación y el hostigamiento. Todos y cada uno de los mandamases del Partido se espiaban mutuamente, utilizando en ocasiones agentes dobles y hasta triples. Ninguno de ellos, ya se tratara de Hess, Goering, Himmler o Goebbels dejaba de utilizar todos los mecanismos a su alcance para procurar la ruina del contrario.

Por último, pero no menos importante, está la tercera de estas armas de ataque: los dosieres comprometedores. Estos elementos tenían un doble cometido ya que constituían al mismo tiempo un seguro de vida y una peligrosa arma de ataque.

Hermann Rauschning, que fue Presidente de la Ciudad Libre de Danzig y perteneció al Partido nazi durante algún tiempo antes de romper con él y emigrar a los Estados Unidos donde murió, se refiere en su obra *Conversaciones con Hitler* a las maquinaciones y a las intrigas que eran habituales entre los altos cargos del nazismo: «…Todos los miembros dirigentes del Partido, sin excepción, enviaban continuamente dinero al extranjero a fin de crear una buena reserva en el caso de que se produjera cualquier eventualidad. Además del dinero también existía muy frecuentemente una caja fuerte o un dosier —que se había dejado previamente en manos de algún notario de confianza—, que contenía una serie de documentos cuya publicación habría constituido una terrible amenaza para numerosas personalidades del nacionalsocialismo».

Estos dosieres representaban una protección contra las posibles maquinaciones hostiles de los otros altos miembros del Partido. Y sigue diciendo Rauschning que el modo de actuar de estos individuos era similar al empleado por los gangsters más famosos, ya que la desconfianza y la suspicacia eran sentimientos que estaban siempre presentes.

Posiblemente haya sido un miembro arrepentido de la Gestapo, Hans Jürgen Köhler, el que aportó más pruebas sobre la corrupción y el odio que se tenían entre sí los jerarcas nazis. Mentiras, codicias, corrupciones sin cuento enmarcan su actuación a juicio de Köhler, quien apunta: «Todos estaban comprometidos en la turbiedad; incluso el propio Hitler, sí, el mismo Hitler». Y sigue diciendo: «Lo que Himmler sabía de

Hitler defendía a ultranza el principio de jerarquía en la organización política y social, principio que reserva el mando a los mejores y que desembocaba en la exaltación de una personalidad «única», la del «Führer» o líder.

Goebbels, de Goering o de otros jefes, ya fueran grandes o pequeños, no era nada comparado con lo que sabían los unos de los otros. A Goebbels no le habría importado nada utilizar las pruebas incriminatorias que tenía contra Himmler, del mismo modo que a éste tampoco le importaría utilizar las que tenía contra Goebbels».

Todos desconfían de todos. Todos temen lo que les pueda hacer el compañero de Partido a la menor ocasión. Y todos tratan de enmascarar su mutuo odio con inimaginables dosis de hipocresía.

¿Pero qué hace y piensa Hitler, el Jefe Supremo, de este cúmulo de inquinas, de este infierno de odios y desconfianzas? Pues no lo ignora; está al tanto de las feroces enemistades existentes entre sus más allegados colaboradores y, en buena medida, las favorece; porque, en definitiva, esas mutuas hostilidades le son muy convenientes para sus propósitos.

Fritz Wiedemann, que fue compañero de Hitler durante la Primera Guerra Mundial y, posteriormente, su ayuda de cámara cuando aquel se hizo con el Poder, dice lo siguiente: «La unidad tan cacareada a nivel de la camarilla dirigente no existía más que en la cabeza de los miembros del partido más cándidos. En realidad los jefes estaban dominados por los celos; y todos, y cada uno de ellos, se peleaba por conseguir el favor del Führer». Estos sentimientos, en los que primaba la desconfianza y la escisión, fueron una de las razones por las que se suprimieron, partir de 1937, los consejos de ministros.

Para los miembros más destacados del Partido, y también para los altos cargos, solo existía un deseo capital: ganarse la confianza y el acceso al Gran Jefe, fuente indiscutible de toda seguridad y de toda prosperidad. Naturalmente, ver realizado tal deseo no era de ningún modo empresa fácil. La guardia de hierro que protegía al endiosado Führer cumplía a la perfección su cometido y evitaba que se le molestase. Hay, lógicamente, excepciones. Goebbels, Goering, Himmler, Ribbentrop y el mismo Speer tienen siempre acceso libre al despacho de Hitler, si bien por tiempo limitado. El resto deberán ejercitar la paciencia, aunque se trate de ministros, como es el caso del titular de Agricultura, Walther Darré*, que tuvo que esperar dos años para ser recibido por el Jefe. Claro que todavía hay ejemplos peores: el ministro de Finanzas, Von Krosigk**, no fue recibido en absoluto por Hitler a partir de 1942. Estos casos, por no citar otros muchos, son prueba palpable de la falta de interés que mostraba el Jefe por las informaciones y por los conocimientos que pudieran suministrarle muchos de sus ministros.

* Ricardo Walther Darré, hijo de padre alemán y madre argentina fue uno de los ideólogos principales del nazismo. Arrestado al final de la guerra y juzgado en Nuremberg fue condenado a siete años de prisión.

** Lutz von Krosigk fue ministro de Finanzas del Tercer Reich y, tras el suicidio de Hitler, fue nombrado Canciller de Alemania por orden de Dönitz. Fue juzgado en Nuremberg y condenado a diez años de prisión de los que solamente cumplió siete. Salió en libertad en 1951 y dedicó sus últimos años a escribir sus memorias. (Nota del autor.)

6

Los secretos del Führer, los secretos del hombre

La falsa dialéctica del Gran Jefe

Ernst Röhm afirmó con indiscutible amargura, poco antes de ser eliminado, que resultaba inútil aconsejarle nada a Hitler porque él creía saberlo todo. Esta afirmación en boca del famoso «nazi homosexual» —amigo de Hitler desde los primeros tiempos del Partido, y asesinado por los propios nazis en 1934—, tiene indiscutible valor por haber sido una de las personas que conocieron a fondo al futuro dictador de Alemania y estuvieron al tanto de la falsa dialéctica de la que aquel hacía gala. Por todo ello vale la pena que nos detengamos, siquiera sea por unos instantes, en la figura de este nazi que logró superar, —hasta el momento de ser eliminado por sus compañeros—, graves heridas de guerra y enfermedades mortales.

Tras servir como oficial durante la Primera Guerra, Ernst Julius Röhm nacido en el seno de una humilde familia bávara, ingresó en 1920 en el Partido Obrero Alemán, dirigió las SA (organización militar del partido nacionalsocialista, los populares «camisas pardas») y estableció una buena amistad con un Adolf Hitler, poco conocido por entonces. En 1934 empezaron las desavenencias con Hitler por cuestiones tácticas. Y la antipatía que le profesaban Himmler, Heydrich y Goering logró que lo enemistaran con el gran jefe, que terminó por mandarlo encerrar en la prisión de Stadelheim donde fue asesinado por dos miembros de su propia milicia de las SA.

Las amargas palabras que Röhm le dedicó al Jefe en sus últimos días de encarcelamiento estaban llenas de significado. Pero Hitler admitía pocos consejos; o, mejor dicho, no los admitía en absoluto. Porque este hombre que no sentía interés alguno por la lectura, y cuya formación académica había sido muy pobre, gozaba de una memoria sorprendente que se veía acompañada por unos conocimientos técnicos y artísticos muy notables.

En otros campos muy diferentes, Hitler conocía a la perfección los tipos de armamento y las características de los carros blindados, piezas de artillería y otras muchas armas, tanto alemanas como extranjeras. Su ayuda de cámara Wiedermann comentaba que le había visto muchas veces discutir amistosamente con el almirante Raeder sobre el armamento y los pertrechos de los navíos de guerra de la flota alemana y que, por lo general, era él quien tenía razón y corregía al almirante.

Conviene reseñar una vez más que la formación cultural de Hitler era muy escasa. No era amigo de la lectura, si se exceptúa la prensa oficial que no hacía otra cosa que alabarle. Por lo demás, tenía una idea muy equivocada de sus adversarios, ya se tratara de Estados Unidos o de Inglaterra, países a los que ridiculizaba constantemente. Sus opiniones personales eran inamovibles, porque tenía el convencimiento de que se hallaba en posesión de la verdad, y de que sus deseos tenían un encaje perfecto en la realidad, error que le acompañó hasta sus últimos días.

Con una dialéctica tan tortuosa y con una capacidad para dramatizar verdaderamente llamativa, poco era lo que podían hacer sus consejeros para disuadirle de cualquier opinión que hubiera arraigado en su desaforada mente. Por si esto no bastara, Hitler se complacía en mostrar sus sorprendentes dotes de actor. Ernst von Weizsäcker, que fue Secretario de Estado en el ministerio de Ribbentrop, afirmaba que le llevó bastante tiempo darse cuenta del extraordinario talento de actor que tenía el gran Jefe, quien podía manifestar indignación, simpatía, emoción, excitación y respeto en el transcurso de una sola charla. El ya mencionado Hermann Rauschning afirmaba que Hitler era un comediante perfecto. Esta capacidad mimética de Hitler impresionaba y desconcertaba, incluso a sus colaboradores más cercanos. El propio Himmler decía que las constantes interrupciones del Jefe, cuando se le exponía algún hecho hacían que uno perdiese el control de sus propias ideas, y que terminase por aceptar las de él, en lugar de las propias. Paul Schmidt, que fue durante mucho tiempo el traductor oficial de Hitler, dirá lo siguiente: «Me he dado cuenta de que Hitler fundamentaba sus argumentos en premisas falaces que reflejaban su costumbre de tomar sus deseos por realidades. Sobre semejantes bases él erigía una estructura perfectamente lógica y plenamente convincente para todos aquellos que no se hubieran dado cuenta de la falsedad de sus premisas iniciales».

Así funcionaba la mente del dictador nazi.

La irascibilidad del Ogro

Afirmaba Rauschning que cuando Hitler se dejaba llevar por sus accesos de cólera —cosa bastante frecuente— quienes estuvieran a su lado en esos momentos hacían lo imposible por darle la razón y no ser víctimas de su irascibilidad.

Se ha dicho en más de una ocasión que el dictador tenía «la elocuencia de un altavoz»; pero semejante metáfora no da una imagen clara de todo el espectáculo. Porque a medida que iba hablando y se dejaba intoxicar por su propia oratoria su voz se tornaba más ronca, parecía como si los ojos quisieran salir de sus órbitas, se agitaba, daba la impresión de entrar en trance por un momento, al cabo del cual recomponía el gesto y adoptaba nuevamente una actitud más normal. Rauschning fue testigo de algunos de esos momentos de patológica excitación: «Fue la primera vez, pero no la última, que escuché a un Hitler vociferante y aullante. Le vi perder por completo el control de sí mismo. Gritaba sin control, golpeaba con el puño la mesa y las paredes; su boca se le llenaba de espuma y jadeaba como una mujer histérica, lanzando entrecortadas e irascibles frases».

Sigue comentando el citado testigo que en tales momentos de excitación Hitler mostraba un aspecto lamentable: desordenada la cabellera, contraído el rostro y la mirada extraviada daba la impresión de que en cualquier momento pudiera sufrir un colapso. «Bruscamente —añade Rauschning— todos esos síntomas desaparecían como por ensalmo, se ponía a recorrer la habitación, se aclaraba la voz, se alisaba el cabello y miraba a su alrededor con aire tímido y desconfiado, estudiándonos detenidamente. Me dio la impresión de que nos observaba con fijeza para comprobar si alguno de los presentes se reía de su comportamiento».

Semejante actitud dejaba paralizados a los presentes, que ignoraban cómo podría terminar aquel lamentable y peligroso espectáculo, ya que

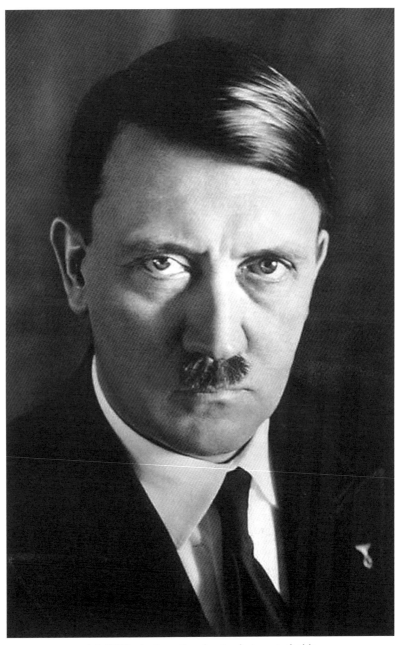

Adolf Hitler tenía un tipo de mirada imperturbable
que escondía un temperamento explosivo.

nunca se sabía qué amenazas podrían brotar de la boca del Jefe en semejantes raptos de ira. Otto Dietrich, el que fuera durante muchos años Jefe de prensa de Hitler y autor de la obra *El Hitler que yo conocí* dice, al referirse a estas explosiones temperamentales del Jefe: «Hablaba tanto y con tanta vehemencia que la entrevista concluía antes de que el visitante tuviera ocasión de responder a lo que se le preguntaba, en el supuesto de que aún tuviera ganas de hacerlo. Los impresionados interlocutores salían de la audiencia en un estado que se podría definir como de narcosis intelectual».

Como se podrá apreciar, en esa capacidad de sugestión radicaba el secreto de la influencia que ejercía Hitler sobre sus subordinados. En cierta ocasión Hjalmar Schacht, ministro de Economía del Tercer Reich, escuchó la confesión que le hacía Goering —con quien, por lo demás, nunca se entendió muy bien—: «Verá usted, herr Schacht, muchas veces me propongo decirle a Hitler lo que pienso exactamente, pero nada más entrar en su despacho mi ánimo se hunde lamentablemente». Estas palabras de Goering podrían ser ratificadas por muchos otros de los colaboradores directos del dictador nazi, sin excluir a Himmler, Ribbentrop, Keitel o Hess.

El que durante algún tiempo fue ayuda de campo naval de Hitler, el contralmirante Karl Jesko von Puttkamer, dijo en cierta ocasión que muchas veces había visto entrar en el despacho de Hitler a personalidades muy furiosas dispuestas a exponer al Jefe sus quejas, y al cabo de un rato verlas salir convertidas en mansos corderillos. ¿Tenía aquel hombre enfermizo, hipocondríaco y megalómano semejante poder de convencimiento para doblegar hasta tal punto las mentes de sus interlocutores?

Cuando uno se formula esa pregunta tampoco le resulta posible olvidar que la mayor parte de los acólitos de Hitler eran una pandilla de seres cobardes que tenían verdadero terror a caer en las iras del Jefe, y que para evitar tal contingencia estaban dispuestos a realizar cuantas bajezas fueran necesarias. Por si esto fuera poco se detestaban profundamente entre ellos, y la mayor parte estaban marcados por taras psíquicas y físicas que les hacían todavía más vulnerables a la autoridad enfermiza del gran patrón. Conviene recordar al respecto que Goebbels era un tipo bajito que se sentía acomplejado por su cojera, que Hoffman era un corcovado sifilítico, Ribbentrop un hombre de profunda incultura que nunca debió ejercer el cargo para el que se le designó, Goering un completo heroinómano, Himmler un acomplejado, y así hasta la saciedad. Por si esto fuera poco, se puede añadir que todos ellos —con la excepción de Hess, Speer y alguno más— eran individuos absolutamente corrompidos. El Gran Jefe está al tanto de las debilidades y miserias de sus acólitos, y constantemente se sirve de ellas para someterlos a su poder omnímodo. Repetidos son los casos en que revoca de forma tajante las decisiones de sus ministros, a pesar de que las evidencias no le den la razón. ¿Es únicamente el miedo a caer en desgracia lo que paraliza y corrompe la mente de estos individuos, o juega en ello un cierto papel la capacidad persuasiva del Jefe? Tal vez habría que sopesar ambas cosas. Militares de prestigio como Guderian entraban en el despacho de Hitler a debatir una retirada estratégica —como sucedió en la fallida ofensiva del este ruso— y salían sin haber podido hacer valer sus razonamientos. Sorprende no poco este poder de convicción del dictador nazi.

Pero también convendría sopesar el factor dominante en esta aquiescencia unánime mostrada por los acólitos a la hora de debatir con el jefe supremo. Y de nuevo hace presencia el miedo. La sospecha de que se pueda caer en el pesimismo, o lo que es peor, en un peligroso derrotismo, hace paralizar las mentes más intransigentes. Himmler, por ejemplo, le confesaba a Felix Kersten que cuidaba mucho sus palabras cuando tenía que presentar un informe a Hitler, adecuándolo siempre a los posibles deseos de éste. En el caso de Goering o Ribbentrop las muestras de servilismo eran todavía más patentes.

Nada debe sorprender, por tanto, que a pocos meses del estallido de la guerra Hitler se encontrase aislado y rodeado de subordinados serviles, corrompidos, incapacitados o fanáticos. Algunos de ellos ocupaban cargos sumamente destacados como era el caso de Ribbentrop, ministro de Asuntos Extranjeros, cuya incompetencia y enraizado odio a Inglaterra tuvieron mucho que ver en el desencadenamiento de la guerra; por no hablar de Goering, que siendo jefe supremo de la economía del Reich se envanecía de no saber interpretar una estadística o un gráfico especializado. Se podrían añadir a estos nombres otros muchos: el mariscal Keitel, al que apodaban «el lacayo», el burócrata Himmler, el patológico Goebbels, o el servil Bormann. La cuadrilla no podía estar más completa.

El «hombre austero»

La propaganda nazi no se cansaba de promocionar la imagen de un Adolf Hitler carente de ambiciones económicas, de un líder austero cuya máxima ambición era lograr la grandeza de Alemania y el bienestar de su pueblo. Esta populista mentira funcionó a la perfección durante los años de la dictadura nazi; un inmenso sector del pueblo se la creyó a pies juntillas, cooperando de forma ingenua en la creación de una leyenda torticera. La realidad, sin embargo, era muy otra.

Cuando en 1933 Hitler fue nombrado Canciller, se inició no sólo su carrera hacia el poder omnímodo sino también hacia una espléndida situación económica a la que el «austero» líder nunca mostró reparos. Pero el Führer de la nueva Alemania, al igual que hicieron otros dictadores europeos de su época, tenía que dar la imagen del hombre recto al que poco seducían las mieles crematísticas.

Ya hemos hablado en estas páginas de los donativos que en los primeros años de su fulgurante carrera política recibió Hitler de la cándida —o no tan cándida— Helene Bechstein, la magnate de la industria pianística, que se enorgullecía de haber regalado a su protegido una serie de objetos de gran valor «para que hiciera con ellos lo que gustara». Posteriormente, las cuantiosas donaciones y los avales bancarios que *frau* Bechstein facilitó a Hitler se perdieron misteriosamente en los bolsillos de éste.

Pero el «desinterés» que el nuevo líder del nazismo alemán sentía por el dinero era bien patente. La retribución que percibía Hitler como canciller era más bien abultada (aproximadamente unos cincuenta mil marcos), y aunque la propaganda que aparecía sistemáticamente en el periódico del Partido, el *Völkischer Beobacter* (cuyos editoriales manejaba a su antojo el nuevo Canciller) se afanaba en hacer resaltar que el sueldo que le correspondía por su cargo político lo entregaba íntegramente a los familiares de los compañeros muertos por el Partido, ese «regalo» apenas duró un año, porque muy pronto el «austero» canciller se arrepintió de tal donación.

Cuando Hindenburg muere en 1934 y Hitler no duda en apropiarse el cargo de Presidente, los ingresos se le duplican porque no duda en añadir al sueldo que tenía como Canciller el que ahora le corresponde como presidente del Reich. De este modo, el hombre austero sigue incrementando sus ahorrillos.

Pero estos ingresos son poca cosa si se los compara con los que el nuevo Jefe de la Alemania nazi percibe por otros conductos. La publicación de su panfleto *Mi lucha* va a proporcionarle unos suculentos derechos de autor; porque si bien en los primeros años las ventas no fueron exageradas, a medida que su autor fue escalando nuevos puestos en la política las ventas se dispararon, calculándose que tras el ascenso al poder y hasta el año 1945 se pudieron vender unos diez millones de ejemplares, lo que proporcionaron a Hitler más de siete millones de marcos, una cifra verdaderamente asombrosa para cualquier escritor de la época.

Hitler, sin embargo, no parecía contentarse con estos suculentos ingresos; su «austeridad» exigía aumentarlos y no le faltaron ocasiones para hacerlo. El señor Krupp —el magnate del acero Gustav Krupp von Bohlen y Halbach, señor indiscutible de la industria armamentística nazi— satisfizo sus deseos; porque, tras haber ganado una fortuna durante la Primera Guerra Mundial, se encontró con una auténtica mina de oro cuando el líder nazi eliminó los sindicatos obreros, permitió la congelación de sueldos y salarios e inició el rearme de Alemania. Los donativos que recibió Hitler del magnate industrial y de otras asociaciones empresariales para fines políticos ascendieron antes de 1945 a la fabulosa suma de setecientos millones de marcos, cantidad de la que Hitler disponía a su gusto.

La «austeridad» del Gran Jefe se manifestaba a la perfección en todo cuanto le rodeaba. Podía satisfacer sus caprichos personales sin reparo, tanto si se trataba de la adquisición de obras de arte, como de la construcción de su suntuosa mansión de Berghof. Su megalomanía se proyectaba a todos los ámbitos; y como no podía ser menos quiso convertir a Linz, su ciudad de origen, en una meca del arte. El historiador Christian Löhr afirma que Hitler quería transformar el museo de Linz en una galería de arte que pudiese competir con los grandes museos de París, Viena o Madrid, y que ansiaba llegar a ser un promotor del Arte que pudiese codearse con los grandes mecenas del pasado. «Cuando al dictador se le metía en la cabeza adquirir un determinado cuadro, no importaba el precio que hubiera que pagar por alto que fuera». Sus intermediarios se encargaban de cumplir los deseos del Jefe al pie de la letra, a fin de que el futuro museo de Linz contase con el mejor fondo artístico. Naturalmente las acciones ilegales tampoco estaban mal vistas, como sucedió con las incautaciones que se hicieron a magnates judíos, tal fue el caso de los

Rotschild. Había que pagar el llamado «impuesto de huida del Reich» que, en los años anteriores a la guerra, todavía permitía exiliarse a los judíos ricos.

Un ilusorio «Museo del Führer»

Como ya hemos visto, a la hora de magnificar su figura y su Régimen, el Jefe no se paraba en barras. Un año antes de que se declarase la guerra, Hitler mandó llamar a su mansión de Berghof al que hasta la fecha había sido director del Museo de Dresde, Hans Posse, para tratar el tema de la futura galería de arte que habría de crearse en Linz para mayor gloria del Führer de la Alemania nazi.

Posse tenía una considerable experiencia en el mundo del Arte por haber trabajado en el Museo de Berlín, en Florencia y en Roma. Años más tarde, se ocupó de rehabilitar la galería de arte de Dresde y adquirió una considerable fama como tratadista y documentalista de temas artísticos.

Cuando fue llamado por Hitler para debatir el asunto del museo de Linz Posse sabía muy bien a qué se enfrentaba, pero no dudó en aceptar

Gustav Krupp, al frente de su poderosísima industra siderúrgica, abasteció masivamente a los ejércitos alemanes y colaboró económicamente en la campaña que dio el poder al partido de Hitler.

la misión propuesta, entre otros motivos porque el mismo Hitler le había concedido plenos poderes para la ejecución del proyecto. El historiador H. Löhr asegura que «las investigaciones realizadas confirman que es posible que Hitler llegara a gastar la cifra de ciento sesenta millones de marcos en obras de arte», una cifra en verdad fabulosa; y el mismo Löhr añade que es probable que para el futuro museo de Linz, Posse dispusiera de más de cien millones de marcos.

Si bien el mariscal del Reich Goering había creado su propia colección de arte a base de obras incautadas a poderosas familias judías, Hitler quiso adoptar una línea de conducta más decorosa pues, al parecer, no deseaba que *su* museo estuviese marcado por el deshonor y el pillaje. En este sentido, Posse estuvo dispuesto a pagar los precios que corrían en el mercado de arte, para que todas las transacciones estuvieran de acuerdo con la ley. El que en el futuro se pudiera considerar al museo de Linz como una muestra más de los desafueros del régimen nazi no entraba en los cálculos del Gran Jefe.

Las conquistas alemanas llevadas a cabo durante los primeros años de la contienda, también permitieron a Posse una mayor labor de selección artística de los museos y de las colecciones de arte intervenidas. Pero, como ya hemos dicho, mientras Goering se apresuraba a apropiarse descaradamente de cuanta obra artística fuera de su gusto, Posse pudo disponer de fondos más que suficientes para sus compras. Unas adquisiciones que eran supervisadas por el mismo Hitler, quien valoraba las obras que habrían de figurar en el museo de Linz.

Pero la guerra se encargó de que aquel museo no llegara jamás a abrir sus puertas. A mediados de 1943 las fuerzas aliadas desembarcadas en Italia podían bombardear sin problema muchas de las ciudades austriacas y Hitler temió que Linz, la bella ciudad atravesada por el Danubio en la que había pasado sus años de formación escolar, también pudiera quedar expuesta a los bombardeos aliados.

Así fue como el costoso contenido artístico del «museo de Hitler», guardado en estancias subterráneas a prueba de bombas, nunca pudo ser contemplado por los ciudadanos de Linz. No obstante, se siguieron incautando, o comprando, nuevas remesas de obras de arte porque la fiebre coleccionista del gran Jefe no parecía aplacarse. Y una de las personas que fueron encargadas por Hitler para hacer más adquisiciones fue su fotógrafo personal, Heinrich Hoffmann.

El fotógrafo del Régimen

Rudolf Herz, en su obra *Hoffmann y Hitler*, afirma que el éxito económico de Hoffmann a partir de 1933 fue un perfecto modelo de trayectoria capitalista, fundamentada en la visión neo feudal del régimen hitleriano. Una enriquecedora carrera artística la de este afortunado fotógrafo, que jamás habría sido posible sin la peculiar amistad que le unía al gran Jefe.

Heinrich Hoffmann inició su carrera fotográfica a los veintitrés años y se afilió al partido NSDAP en 1920.

Heinrich Hoffmann fue escogido por Adolf Hitler como su fotógrafo personal.

Tres años después conoció a Hitler, y a partir de entonces se convirtió en un amigo entrañable del dictador alemán. En 1929 Hoffman presentó a su asistente Eva Braun a Hitler; una presentación que dio lugar, un par de años más tarde, a la relación sentimental que se estableció entre ambos.

Si bien Hoffman no llegó a ocupar cargo político alguno cuando Hitler llegó al poder, su gran ascendente sobre éste le permitió convertirse en el fotógrafo oficial del nazismo. Esta exclusiva enriqueció en poco tiempo a Hoffmann, gracias a los miles de fotografías que realizó a su todopoderoso amigo; fotografías y reportajes de toda índole que se vendieron no solamente en Alemania sino también en el resto del mundo.

Pero «el fotógrafo de la corte», como alguien lo calificó, logró otras prebendas de Hitler que le permitieron agrandar su fortuna. A Hoffmann, como a Hitler, le hubiera gustado ser un pintor de renombre, pero ninguno de los dos tenía el talento necesario para serlo. Al fotógrafo esta limitación no le debió causar muchos sinsabores pues, como se ha dicho, la amistad con el Jefe le reportó más beneficios de los que hubiera podido soñar.

A partir de 1933 la agencia fotográfica de Hoffmann se convirtió en la más importante de Alemania. Con una selección de los miles de documentos gráficos que Hoffmann había hecho a Hitler, el fotógrafo realizó más de una treintena de libros —publicados por una editorial de la que

Hoffman era también copropietario— que se vendieron por millares. Un negocio lucrativo para los dos amiguetes; uno se hizo todavía más rico, y el otro gozó de una publicidad sin límites. Sin olvidar que Hitler también percibía un lucrativo tanto por ciento de las ventas realizadas; porque, nuevamente, el Jefe no le hacía remilgos al dinero.

Además del próspero negocio de las fotografías, a Hoffmann se le encargó la tarea de intermediario —o comprador directo, en muchas ocasiones— en la adquisición de las obras de arte con las que Hitler quería realizar su capricho artístico, es decir, el museo de Linz que se había construido para enaltecer su persona.

Como hemos dicho, Hoffmann no ocupó cargo político alguno, ni en el partido ni en el gobierno, cosa que no deja de sorprender. Ahora bien, hasta 1944 tuvo acceso al círculo más íntimo de Hitler y continuó gozando de la amistad del gran jefe.

A su labor como fotógrafo, en la que dedicó miles de fotografías a Hitler, Hoffmann añadió la de escritor, con una larga serie de obras dedicadas siempre a la exaltación de su amigo y de sus andanzas políticas.

Concluida la guerra Heinrich Hoffmann fue juzgado en Nuremberg, y aunque trató de evitar toda complicidad con el pasado Régimen declarándose apolítico fue condenado a diez años de prisión que, posteriormente, se redujeron a cuatro. Una vez en libertad volvió a dedicarse a su profesión. Murió en Munich en 1957.

El patrimonio del Gran Jefe

Hemos hablado en páginas anteriores de que, pese a la imagen que se pretendió dar de él, (y la que él pretendió dar de sí mismo) Hitler nunca le hizo ascos al dinero. Y en este sentido no cabe la menor duda sobre la riqueza que acumuló en sus años de poder omnímodo. Aquel «hombre austero» era todo un millonario cuando en abril de 1945 se pegó un tiro en los sótanos de la Cancillería, en Berlín. Su patrimonio incluía no solo abundantes propiedades e innumerables obras de arte sino también una fortuna muy cuantiosa.

Entre los nombres de los que investigaron los orígenes del dinero de Hitler y las maniobras que éste hizo para incrementarlo —y, por supuesto, para disimularlo— merecen destacarse dos: Wolfgang Zdral y Wulf

Schwarzwäller. Ambos publicaron distintos libros en los que se pone de manifiesto el profundo interés que Hitler tenía por sus finanzas y por la forma de incrementar su riqueza.

El primero de estos investigadores de la fortuna del jefe nazi escribió en su momento que en contra de lo que afirmaba insistentemente la propaganda oficial, que no se cansaba de decirle al pueblo alemán que Hitler era un hombre de parcas costumbres que no necesitaba de gran cosa para vivir, el jerarca nazi manifestaba la conducta propia de un nuevo rico; una conducta que se reflejaba en los lujosos inmuebles que poseía y en los múltiples regalos que, ya fuera en forma de dinero o de propiedades, hacía a sus amigos.

Otra de las particularidades que menciona el citado autor es que Hitler disponía libremente de un sistema de financiación y contabilidad que incluía los fondos que procedían de una amplia gama de donantes; un sistema contable que no figuraba de forma oficial en ningún sitio. De este modo podía fingir su austeridad, presumir de que necesitaba muy poco para vivir, y que se atenía siempre a su cacareada línea de parquedad y de pobreza.

Indudablemente, el Partido hacía todo lo posible para otorgar una fachada de legalidad a los innumerables excesos económicos no sólo del Gran Jefe sino también de sus figuras más sobresalientes. Pero tras toda aquella apariencia legalista, se ocultaba un entramado mafioso en el que los órganos del Partido «estaban íntimamente unidos entre sí y ligados a prósperas empresas de todo tipo».

Schwarzwäller hace una afirmación muy interesante en uno de sus estudios sobre la forma en que gestionaba Hitler sus finanzas: «En él, disponer de bienes ilimitados despertaba una sensación francamente erótica», asegura. Recordemos que cuando Hitler ascendió al Poder, en 1933, era un hombre rico que se había lucrado muy a gusto de los fondos del Partido. Los ingresos procedentes de su panfleto *Mi lucha*, que por entonces ya eran suculentos, se incrementaron exponencialmente con las llamadas «donaciones para Adolf Hitler», que sacudían los bolsillos tanto de los alemanes poderosos como de los más humildes.

De estas fuentes procedían los ingresos del jerarca nazi. Unas fuentes que se multiplicaban día a día y que, al parecer, se mostraban inagotables. Guido Knopp, en su obra *Geheimnisse des Dritten Reich* («Los secretos del Tercer Reich») dice que si bien lo corriente era que los hombres poderosos dieran el salto a la política (algo que sigue siendo muy frecuente en el panorama político de nuestros días), el caso de Hitler fue justamente lo contrario. Cuando en 1919 inició su carrera política no era más que un caluroso agitador que carecía de recursos. Con proverbial contumacia, sin embargo, «el hombre austero» se fue labrando a lo largo de sus años de poder una fortuna muy considerable.

Los custodios del tesoro

Fueron dos los elementos escogidos por el gran Jefe para custodiar los inmensos tesoros del régimen nazi. Sus nombres: Ernst Kaltenbrunner y Walter Funk. El primero de estos dos individuos, Kaltenbrunner, era austriaco como el gran Jefe y abogado de profesión. Durante la guerra ascendió al generalato, convirtiéndose en el sucesor del aborrecible Heydrich como jefe de la Gestapo, cuando éste murió en un atentado. Elemento dotado de una incansable actividad trató de asesinar a Félix Kersten, el médico de Himmler, por creer que colaboraba con los miembros de la resistencia. Sus planes para llevar a cabo acciones drásticas no tenían límite en su cerebro. En 1943 cuando Stalin, Churchill y Roosvelt se reunieron en Teheran, intentó eliminarlos en un atentado múltiple; proyecto criminal que quedó desbaratado cuando los servicios de Inteligencia soviéticos descubrieron el plan.

Tras el atentado a Hitler en julio de 1944, Kaltenbrunner, que ya había sido nombrado jefe de las SS austriacas, fue encargado de llevar a cabo las investigaciones del atentado, tarea en la que empleó su habitual crueldad. En los últimos tiempos del nazismo, el llamado «vasallo de Himmler» fue condecorado repetidas veces por el propio Hitler.

Capturado por los americanos en mayo de 1945, fue juzgado en Nuremberg y condenado a muerte.

Walter Funk, el segundo «custodio del tesoro», había estudiado Derecho y Filosofía en Berlín y Leipzig. Afiliado al NSDAP en 1931 llegó a ser ministro de Economía del Reich, presidente del Reichsbank y encargado de administrar las millonarias donaciones que se hacían al Partido. Funk fue detenido en 1945 por los Aliados. En Nuremberg fue juzgado y condenado a cadena perpetua por crímenes contra la Humanidad. Encarcelado en la prisión de Spandau, junto con otros cabecillas nazis, fue liberado en 1957 debido a su precario estado de salud. Murió en 1960. Estos dos personajes fueron los encargados de custodiar las finanzas nazis hasta el derrumbamiento final del sistema. Se trataba de unas reservas muy cuantiosas consistentes en millones de dólares y de libras esterlinas además de lingotes de oro. Un inventario somero, realizado en los últimos momentos, habla de más de setecientas barras de oro y de veinticinco cofres repletos de piedras preciosas que trataron de guardarse en un lugar secreto.

El encargado de llevar a cabo esta operación minuciosamente preparada fue Walter Funk, en su papel de presidente del Reichsbank. Al parecer, Funk dio la orden de que un convoy militar custodiara el traslado de estas reservas a un lugar secreto, situado posiblemente en las cercanías de Mittenwald, pequeña población bávara situada a unos cien kilómetros de Munich.

Kaltenbrunner y Funk fueron hechos prisioneros en 1945, y ni uno ni otro llegaron a saber con precisión el destino final de este tesoro nazi, para cuya preservación se habían tomado tantas medidas. Tampoco resultó muy claro el testimonio que dieron los últimos vigilantes de su transporte a lugar secreto. De este modo, el enigma del último tesoro nazi nunca llegó a resolverse.

Una «estrella» muy controvertida

En el ámbito de las figuras que estuvieron siempre en el candelero durante los años del régimen nazi resalta una mujer de vida sorprendente, sobre la que circularon comentarios muy contradictorios.
Su nombre: Helene Amalie Riefenstahl, más conocida por el diminutivo cariñoso de «Leni».
Leni Riefenstahl nació en Berlín en 1902 y murió en la pequeña localidad bávara de

Leni Riefenstahl tuvo a su disposición todo tipo de recursos, tanto económicos como técnicos, para llevar a cabo sus trabajos, ya que gozaba del favor del Führer.

Föcking en 2003, tras una larga existencia de más de un siglo. Mujer de indudable talento, trazó los mejores años de su carrera profesional en una peligrosa cercanía con el nazismo y, más concretamente, con su líder Adolf Hitler.

La adolescencia y primera juventud de esta mujer singular estuvieron dedicadas básicamente a la danza a la que se entregó con entusiasmo, pero la visión de una película que le impresionó le hizo sentir la llamada del cine cuando aún no había cumplido los veinticinco años. Durante casi un lustro se dedicó la Riefenstahl a interpretar pequeños papeles en films de relativo éxito, hasta que su interés por el cine le llevó a dirigir en 1932 *La luz azul* que fue bien acogida por la crítica y recibió un premio en el festival de Venecia.

Posteriormente, en esa misma década de los años treinta, Riefenstahl dirigió otro par de películas —*El triunfo de la voluntad* y *Olympia*— que tuvieron una calurosa acogida por parte del público germano. Y fue en 1932, tras escuchar a Hitler en un mitin, cuando se sintió tan atraída por su línea política que se decidió a ofrecerle su plena colaboración.

Se inició de este modo una intensa relación, adobada por una creciente amistad, entre la cineasta y el líder nazi; una relación que tuvo su máximo exponente en tres documentales propagandísticos realizados por Riefenstahl que obtuvieron un considerable éxito.

No obstante, la cima de su popularidad y de su fama como excelente directora cinematográfica le llegaría en 1936 con la filmación de los Juegos Olímpicos de Berlín, destacada obra propagandística del régimen nazi en la que la directora utilizó por primera vez una serie de recursos fílmicos de notable factura.

Esta labor hecha para mayor gloria del régimen nazi potenció su amistad con Hitler, quien dio órdenes estrictas para que no se escatimasen las cantidades que la cineasta pudiera necesitar para llevar a cabo sus filmaciones. A ello había que añadir la inmensa popularidad de la Riefenstahl que tenía libre acceso al círculo más restringido del líder nazi, lo que generó no pocos comentarios e incluso especulaciones sobre la posible relación sentimental entre ambos. Una relación, al parecer inexistente, pero cuyas especulaciones no molestaban en absoluto a Hitler, que se consideraba el primer admirador de la brillante —en todos los aspectos— cineasta.

Dado que a finales de los años treinta Hollyvood se había convertido en la indiscutible meca del cine mundial, la ya muy conocida directora alemana decidió aceptar la invitación cursada por una destacada productora americana para que promocionase en Estados Unidos su película *Olympia*. Pese a que la cinta vista en sesión privada fue muy bien acogida por un sector de la crítica, el antisemitismo nazi bien conocido en Estados Unidos por la inmensa mayoría del pueblo hizo que la cineasta germana fuera discretamente rechazada por sus colegas americanos.

En este sentido su entrevista con Walt Disney, quien estaba por entonces en la cima de su carrera, no obtuvo los resultados que la directora alemana se había propuesto; el mago de los dibujos animados rechazó muy educadamente ser su aval ante las grandes firmas cinematográficas, y la Riefenstahl tuvo que regresar a su país sin haber cumplido uno de sus sueños.

De nuevo en Alemania, la cineasta entabló una provechosa relación profesional con Albert Speer, quien ya gozaba del apoyo total de Hitler. Con el arquitecto nazi, con el que llegó a tener una cordial amistad, colaboró en importantes proyectos artísticos. Las filmaciones que llegó a realizar de la famosa *Catedral de luz*, diseñada por Speer, fueron una buena muestra de esta acertada colaboración entre la cineasta y el arquitecto del Régimen.

Pese al apoyo que obtuvo de Hitler que la elogiaba sin ambages y que decía de ella, con admiración, que era «la mujer más ambiciosa que había conocido», Leni Riefenstahl se fue distanciado discreta pero decididamente del Jefe. Al menos eso es lo que afirmó más tarde, insistiendo en que nunca había pertenecido al Partido, y que se había limitado exclusivamente a cumplir de la mejor manera con los compromisos contraídos. Una afirmación un tanto sorprendente si tenemos en cuenta la profunda vinculación que tuvo con el régimen nazi y la ya comentada amistad existente entre ella y Hitler. Una amistad que, por lo que se sabe, nunca llegó a alcanzar el grado de intimidad sexual de la que en algún momento se habló.

Una vez finalizada la guerra las cosas no se le pusieron muy cómodas a esta mujer que había sido una especie de estandarte de la Alemania nazi. Aunque fue momentáneamente arrestada por las autoridades francesas debido a su vinculación con el Régimen, no se presentaron cargos contra ella y se la puso en libertad, no sin que previamente se le incautaran todos sus bienes.

Como tantas otras figuras sobresalientes del mundo del arte y de la ciencia germanas, Leni Riefenstahl aseguró ignorar la inmensa tragedia del Holocausto, mostrando su horror cuando se enteró de aquel hecho.

En este punto a uno le asaltan serias dudas ante semejantes manifestaciones de inocencia abundantemente esgrimidas por muchas de aquellos
que, en uno u otro ámbito, colaboraron con el régimen nazi.

Sea como fuere, a esta mujer se la eximió de toda culpabilidad, y aunque tras la guerra tuvo que resurgir de las cenizas porque el gobierno francés se incautó de todos sus bienes como ya se ha dicho, no tuvo problemas
en situarse nuevamente y con éxito en el mundo de la cinematografía.

La última etapa cinematográfica de Riefenstahl estuvo dedicada a la
realización de documentales que tuvieron notable acogida, tanto por su
interés como por la técnica de realización utilizada en ellos. Esta actividad se prolongó hasta su ancianidad. Murió muy longeva, con más de
cien años a sus espaldas.

7

Un pícaro de guante blanco

Las vicisitudes y precariedades que ocasionan los grandes conflictos bélicos suelen tener múltiples consecuencias, y una de ellas —y no la menos importante— es el trastorno de las conductas humanas. Claro está que, por lo general, tales trastornos nunca surgen de la nada. La situación social y política vigente en la Europa del pasado siglo constituyó un excelente caldo de cultivo para que instituciones y personas de toda índole sufrieran un deterioro que, tal vez, en el marco de otras circunstancias nunca se hubiera producido. Veamos seguidamente el caso de un personaje de trayectoria no demasiado brillante pero muy reveladora de este proceso de deterioro.

Serge de Lenz nació en Neully, en el seno de una honrada familia burguesa que, sin embargo, no tuvo demasiado éxito a la hora de inculcarle buenas costumbres. A causa de una serie de delitos cometidos en su juventud, Serge fue condenado a más de cinco años de prisión, condena que no llegó a cumplir por haber sido enviado a la Legión Extranjera.

A partir de 1918, una vez firmado el Armisticio, Lenz regresó a Francia e inició su carrera de ladrón, chulo y confidente de la policía. Todo un brillante currículo vital que se hubiera prolongado indefinidamente si tres años más tarde, en 1921, no tuviera un altercado con una de sus amantes que lo denunció a la policía. Resultado de la contienda: nueva prisión para Lenz que en esta ocasión ocupará una celda de la prisión de Melun durante nada menos que diez años.

Cuando fue puesto en libertad, en 1931, Lenz había envejecido notablemente. Obligado a residir fuera de París, se estableció durante algún tiempo en Dieppe, en donde conoció a un viejo jugador profesional de nacionalidad americana —un tal John Cleveland-Hitte— que «operaba» en los casinos de la zona, y que se hacía pasar por aristócrata vinculado a la realeza. En su compañía vivió algún tiempo, hasta que llegó el momento de sacarle partido a esa inesperada amistad. Un buen día Lenz, que estaba al tanto de la pequeña fortuna que el falso aristócrata tenía en su residencia, aprovechó una ausencia de su amigo y arrambló con la caja fuerte en la que su hospitalario huésped guardaba todo su dinero.

Entre robos, extorsiones y pequeños actos de espionaje, que bastaron para condenarle nuevamente a varios años de cárcel, Lenz vivió hasta 1941, año en el que los alemanes eran amos de media Francia. En París formó parte de un grupo de delincuentes que componían una banda denominada la «Gestapo de Neully», muy conocida por sus arriesgados golpes y sus peligrosas amistades.

Un robo bastante sonado, y mal resuelto, en el que Lenz había tomado parte hizo que las autoridades nazis lo deportaran al campo de concentración de Buchenwald, de donde fue liberado por los americanos en 1945. Pero el hecho de haber mantenido una dudosa relación con la Gestapo le impidió ser aceptado por sus antiguos camaradas. De todos modos, Lenz hubiera podido vivir sin problemas, pues el botín que tenía a buen recaudo y que pudo recuperar tras su regreso a Francia, le permitía una existencia cómoda.

Pero los malos hábitos no son fáciles de erradicar. A pesar de que Lenz podía vivir sin problemas, su afición a apropiarse de lo ajeno volvió a tentarle. Esta vez robó una fuerte cantidad a un pequeño gángster con el que estaba asociado, y eso fue su perdición. La paliza que recibió de sus antiguos compinches le ocasionó heridas mortales a causa de las cuales el llamado «ladrón caballero» fallecería en una clínica de Issy les Moulineaux, pequeña localidad integrada en el Gran París, sin haber cumplido los cincuenta y cuatro años. Nadie lamentó su muerte.

Las amistades peligrosas

Otra figura perteneciente a esta línea de espías franceses colaboradores con los nazis fue Louis Piscatory de Vaufreland, vástago de una familia marsellesa, más o menos aristocrática, que jugó su papel durante los años de la Francia ocupada.

Después de haber cursado unos estudios de bachillerato en los que no reveló dotes especiales, Piscatory quiso ingresar en la famosa academia militar de Saint Cyr, en la que nunca llegó a ser admitido. Tras un matrimonio asimismo fallido y una serie de aventuras escandalosas en las que utilizó un falso nombre, fue movilizado en 1939 al declararse la guerra. Tras el desastre de Dunkerque, logró pasar a Inglaterra y enrolarse en la división que mandaba el general Béthouard.

En 1940 Piscatory se encontraba en Casablanca a donde había sido enviado por sus superiores en misión oficial. En esta ciudad marroquí, nido de espías y de todo tipo de corrupciones, Vaufreland se dedicó aparentemente al periodismo, publicando una serie de artículos en uno de los periódicos locales. Fue entonces cuando empezaron a correr rumores de que el francés era un agente del espionaje alemán. Por su parte Vaufreland o Piscatory, como se prefiera, no se preocupaba poco ni mucho de ocultar sus continuos contactos con el nuevo cónsul de Alemania. Tras un viaje a España, en donde se entrevistó con el embajador de aquel país, logró entrar nuevamente en Francia. Es posible que, como sugieren ciertos autores, en esa época ya estuviera a sueldo del espionaje alemán. En cualquier caso, en marzo de 1941 Vaufreland era un agente del servicio secreto nazi.

Por entonces nuestro hombre entró en contacto con un oficial alemán que trabajaba en el contraespionaje y, sorprendentemente, con un personaje femenino muy renombrado en la sociedad parisina: la famosa modista Gabrielle Chanel, más conocida por el apelativo de Coco Chanel, quien le manifestó su preocupación por la situación que podría estar viviendo un joven pariente suyo que se encontraba preso por los alemanes. Vaufreland, ni corto ni perezoso, se ofreció a mediar para lograr la liberación del joven.

En ese mismo año 1941 los servicios del espionaje alemán accedieron a liberar al familiar de Coco Chanel, tras una serie de gestiones que ésta hizo en las altas esferas nazis, tal vez con el apoyo de Vaufreland. No obstante, la relación existente entre la modista francesa y el presunto espía no se habrían de prolongar mucho tiempo porque, según se supo posteriormente, el joven familiar de la Chanel no soportaba a Vaufreland. Éste, por lo demás, siguió colaborando con el espionaje alemán durante bastante tiempo y percibiendo por sus «trabajos» suculentos ingresos.

Pero al margen de su insidiosa labor de espía, Vaufreland no tuvo escrúpulos en obtener beneficios por medios muy diferentes e igualmente execrables. Las víctimas en este caso fueron aquellos judíos acaudalados que no habían sabido, o podido, ocultarse convenientemente. Y una de las personas que había de pagar caro su despreocupación fue la señora María Weisweiler, una dama que durante años había gozado de especial amistad con el príncipe de Mónaco y que se creía que, dada su situación social privilegiada, estaba al margen de cualquier indagación.

Las reuniones privadas que la Weisweiler celebraba en su suntuosa residencia parisina sufrieron de la noche a la mañana una curiosa e inexplicable falta de asistentes. Y un buen día del mes de noviembre de 1942 la policía se presentó en su casa para detenerla. La Gestapo la venía vigilando desde hacía tiempo y había llegado el momento de acusarla de mantener reuniones políticas anti alemanas. Por fortuna para ella fue puesta en libertad, no sin ser severamente amonestada.

Maria Weisweiler no tardó mucho en recibir la visita de Vaufreland que le puso al tanto de que debía su libertad a las gestiones que tanto él como un amigo suyo habían llevado a cabo con las autoridades de ocupación. Ahora bien, era necesario saldar los gastos ocasionados que se elevaban a una considerable cantidad. La Weisweiler pagó sin rechistar, temerosa de que las cosas pudieran complicarse. El asunto no terminó así, pues Vaufreland siguió extorsionando a la dama con la excusa de que había que proteger también al resto de sus familiares.

Pero la protección de Vaufreland no sirvió de mucho. Dos años más tarde la señora Weisweiler fue detenida por la Gestapo y deportada a Alemania. Murió poco tiempo después en el campo de concentración de Bergen Belsen. Por supuesto, Vaufreland intentó eximirse de toda responsabilidad en este asunto.

Las andaduras de este colaborador no tuvieron muy buen final pues, una vez finalizada la guerra, fue detenido en repetidas ocasiones por las fuerzas aliadas que lo acusaron de colaboración con el enemigo y lo condenaron a varios años de prisión.

El espía aristócrata

Nuestro grupo de espías franceses de medio pelo no estaría completo sin un tercer nombre, el de Guy de Marcheret, personaje que tuvo un final mucho más dramático que el de sus anteriores colegas.

Aseguraba este Marcheret ser hijo de un conde francés emigrado a Rusia en el siglo xv, cuyos descendientes habían residido en aquel país desde entonces. Se enorgullecía, por tanto, de ser uno de los pocos nobles franceses que se hubieran instalado con éxito durante cinco siglos en Rusia, sin que nunca renunciaran a su origen.

Siendo todavía muy niño —había nacido en 1914— el estallido de la revolución bolchevique obligó a su familia a abandonar su cómoda residencia de Moscú y emigrar a China. Algunos años más tarde viajó a Francia y en la población de Meudon estudió el bachillerato y la carrera de Comercio. A los dieciocho años empezó a trabajar en un periódico parisino y fue por entonces cuando tomó el título de conde.

Durante algunos años Marcheret se entregó a una vida de ocio y despreocupación, alternando con la mejor sociedad de Deauville. Al estallar la guerra, en 1939, se alistó en el ejército francés, y tras caer prisionero en las Ardenas fue llevado a Alemania. Lo que sucedió en ese país nunca ha estado demasiado claro, ni mucho menos las condiciones en las que el supuesto conde alcanzó la libertad. No obstante, es necesario recordar que los alemanes reclutaban, entre sus prisioneros más destacados, aquellos que pudieran convertirse en agentes secretos. Todos los indicios hacen pensar que Marcheret fue uno de esos candidatos.

Sea como fuere, a su regreso a Francia nuestro hombre se instaló en la Costa Azul, zona libre de la ocupación nazi por entonces, y no dejó transcurrir mucho tiempo antes de contactar con los servicios de espionaje que operaban en Francia, dependientes de Himmler. A partir de ese momento, Marcheret tomó parte en pequeñas acciones de espionaje, siempre pagadas, que le permitieron ir viviendo.

Pero es en 1944, con una Alemania ya en franca retirada, cuando Marcheret desempeña con mayor virulencia el papel de espía en su país natal. Se sabe, entre otras cosas, que su participación fue notoria en el desmantelamiento de una organización de la Resistencia que operaba activamente en Lyon.

Pero no fue ésta, como decimos, su única intervención como confidente y espía de los nazis. Hay sobrados indicios de que participó en la matanza del Bois de Boulogne, en la que fueron masacrados más de treinta jóvenes de la Resistencia por una banda de colaboracionistas franceses. Marcheret intentó exculparse de esta matanza pero, para su desgracia, fue posteriormente reconocido por una joven resistente que había logrado escapar de los asesinos.

Tras la matanza del Bois de Boulogne, Marcheret pasó a Alemania y en Berlín volvió a ofrecer a la Gestapo sus servicios como espía. Al concluir la guerra huyó a Dinamarca, haciéndose pasar por un evadido de los campos de concentración nazis. Esta disculpa no le resultó válida pues fue descubierto por la policía militar americana que lo entregó a las autoridades francesas. Ya en Francia fue internado en la cárcel de Fresnes y juzgado posteriormente en París.

Condenado a muerte por su labor de espionaje y connivencia con el enemigo, Marcheret fue fusilado en abril de 1949.

El atleta marginado

Abandonemos por un momento a estos espías de medio pelo, que en más de una ocasión trataron de jugar con dos barajas, y pasemos a revisar una insólita anécdota que tuvo lugar durante las Olimpiadas de Berlín de 1936, aquellas «Olimpiadas del nazismo» que tanto dieron que hablar a la prensa de entonces.

En el verano de 1936 Alemania fue seleccionada como nación organizadora de la undécima Olimpiada de la era moderna, y Berlín elegida como ciudad en la que tendrían lugar los Juegos Olímpicos. Una vez más, a la capital del naciente Tercer Reich se la honraba con una distinción que muchos otros países no vieron con buenos ojos. Pero, fuera como fuese, los berlineses exultaban de alegría ante la repercusión que en el ámbito del atletismo iba a alcanzar aquel evento. Finalmente, durante dieciséis días, desde el 1 al 16 de agosto de 1936, tuvieron lugar los Juegos.

A lo largo de aquellas jornadas que centralizaron la atención del deporte mundial se produjeron abundantes anécdotas. Pero tal vez una de las que llamaron más la atención del público y de los medios informativos fue la que se produjo en la persona de un atleta estadounidense: Jesse Owens, el campeón que ganó para su país cuatro medallas de oro.

Es costumbre que los vencedores en las competiciones olímpicas sean saludados por la máxima autoridad del país anfitrión, si éste se encuentra presente en el estadio en el que se celebran. En esta ocasión era Hitler, entonces como Canciller de Alemania, el que habría de felicitar al campeón de turno.

Para Hitler, los Juegos Olímpicos fueron una perfecta oportunidad
para demostrarle al mundo los «logros» de su régimen de genocidio
y la «belleza» de la raza aria.

Pero he aquí que Jesse Owens, la revelación de esos juegos olímpicos berlineses, era negro. Se producía, por tanto, una situación bastante incómoda en distintos sectores de la vida pública alemana, ya que el régimen nazi despreciaba a las que se consideraba en el *establishment* «razas inferiores».

A lo largo de las pruebas deportivas se pudo observar el entusiasmo y la alegría de Hitler, cuando el ganador de una prueba era un atleta alemán. El dictador nazi se mostraba exultante al comprobar cómo, incluso en el deporte, la raza aria demostraba su superioridad. Pero, ¿qué podría pasar cuando el héroe de la jornada en distintas pruebas era «un ser inferior»? La curiosidad se tornaba desbordante a la hora de observar el comportamiento del flamante Canciller.

Las versiones que circulan todavía hoy sobre si Hitler estrechó la mano de un individuo de color, por muy campeón olímpico que fuera, dan muestras de contradecirse unas a otras. El propio Jesse Owens indicó en sus memorias que al pasar ante la tribuna presidencial Hitler le hizo un gesto de saludo con la mano, gesto al que el atleta respondió de igual forma. No obstante, parece ser que en privado el dictador nazi se mostró muy molesto por el hecho de que atletas de color hubieran superado a los alemanes en distintas pruebas. Pero a nivel popular no se pue-

Para Hitler, los Juegos Olímpicos representan la ocasión de mostrar el poder del III Reich y la «supremacía de la raza aria»: se exhorta a los atletas alemanes a ganar todas las medallas.

de decir que a los alemanes les desagradaran las victorias de atletas extranjeros fueran, o no, de color.

Como prueba de esto último se encuentra el documental que Leni Riefenstahl —a la que ya mencionamos en estas páginas— realizó sobre las Olimpiadas de Berlín. En este documental oficial de los Juegos, que llevaba por título *Los dioses del estadio*, la cineasta prestó una notable atención a muchos de los atletas ganadores que no eran de raza blanca. Pero la marginación del atleta, por parte no sólo de los jerarcas nazis sino también por los políticos de su propio país (recuérdese que el propio presidente de Estados Unidos, Franklin Roosvelt, ni siquiera se tomó la molestia de enviar un telegrama de felicitación al atleta ganador de su país) no impidió a Owens manifestar su punto de vista: «Nos encontrábamos allí, en Berlín, —escribe— para deshacer el mito de la supremacía de la raza aria. No se trataba solamente de una preocupación política, porque creo que el tema político no debe tener lugar en el terreno deportivo. Pero cuando se piensa en lo que se decía, y en lo que se hacía, nosotros los atletas negros del equipo de los Estados Unidos, aquellos que América había escogido para que salieran de la miseria en la que vivían y se enfrentaran a los «superhombres», teníamos que dar una lección a todos los demás».

Es probable que Owens diera esa lección con su brillante carrera olímpica. Lamentablemente, y pese al triunfal recibimiento que se le tributó a su llegada a América, su triunfo no sirvió para modificar ni un ápice la segregación social que se vivía por entonces en Estados Unidos.

La corte femenina de Hitler

Cuando se analiza la vida personal de Hitler surge inevitablemente el interrogante sobre sus relaciones con las mujeres. Las teorías establecidas sobre este punto son variadas y contradictorias. Historiadores y biógrafos no se ponen de acuerdo sobre la actitud que mostró el Jefe en lo tocante al otro sexo. La historiadora alemana Elke Frolich, estudiosa del fenómeno nazi y más concretamente de algunos de sus líderes, como Goebels, aseguraba que Hitler se había propuesto desempeñar un papel determinante en la Historia, y que todo lo concerniente a la familia y al mundo sentimental no tenía el menor interés para él.

No obstante, las mujeres tuvieron mucho que ver en su vida, pues de ellas recibió en diversas ocasiones notables ayudas, sobre todo en el plano económico. Pero no parece que en los años de su juventud Hitler se mostrase interesado por el otro sexo. Ello dio pie a que surgieran, en ciertos medios, comentarios sobre su posible homosexualidad, cosa que ni está documentada ni parece atenerse en absoluto a la realidad.

Durante su estancia en Viena, cuenta uno de sus compañeros —un tal August Kubizek— que Hitler nunca tuvo interés en mantener contacto físico con ninguna mujer. En cierta ocasión en que ambos jóvenes, a instancias de Kubizek, visitaron una casa de lenocinio Hitler abandonó el local horrorizado y comentó a su camarada que era absolutamente partidario de prohibir la prostitución. Este mismo amigo de juventud tenía la impresión de que el rechazo sentido por Hitler hacia ese tipo de relaciones estaba basado en el miedo a contraer una enfermedad venérea.

Ese aparentemente escaso interés mostrado por el joven Hitler en sus años de Viena tuvo su primera prueba de fuego al conocer a una joven francesa durante la guerra. La joven en cuestión, según se ha llegado a saber, era natural de una pequeña población del norte de Francia en donde estaba destacado el regimiento de Hitler; su nombre: Charlotte Lobjoie. La relación amorosa con esta joven, «muy femenina, muy guapa y muy atractiva» duró algunos meses. La joven Charlotte escribió, en una especie de diario, su relación con Hitler al que calificaba de «amante muy celoso».

Existe el retrato de una joven campesina, que muy posiblemente fuese Charlotte, pintada al parecer por el soldado Hitler. Hasta ahí la relación sentimental entre ambos jóvenes se muestra como cierta. Sin embargo, el que de esta relación naciera un hijo —supuesto que hizo correr mucha tinta después de la guerra— no está en modo alguno demostrado.

A partir de su ascenso en la política alemana las relaciones de Hitler con el elemento femenino fueron bastante corrientes y generalmente provechosas. Hemos comentado ya la magnífica relación que tuvo con la Bechstein, cuyas aportaciones económicas al Partido no fueron escasas. La historiadora Elke Frolich aseguraba que Hitler tenía la suerte de que algunas mujeres de los círculos sociales más selectos se arrojaban a sus brazos y quedaban fanáticamente prendadas de él. Circunstancia de la que él se aprovechaba, si no en el plano sentimental —por el que nunca se sintió atraído— sí por el económico.

Winifred Wagner fue uno de los grandes amores en la vida de Hitler.

Tras el final de la Primera Guerra y su regreso a Munich la simpatía que generaba Hitler en el sexo femenino fue en aumento, y la contribución de ciertas damas de la burguesía a la causa de este revolucionario «agitador político» fue asimismo considerable. Y, como no podía ser menos, él se aprovechaba a gusto de esta circunstancia tan beneficiosa.

Entre aquellas damas que sentían una especial simpatía por el joven Hitler se encontraba Elsa Bruckmann, esposa de un conocido editor de Munich. La Bruckmann, que vivía en una magnífica mansión en la que, tiempo atrás, se habían organizado reuniones sociales en las que incluso participaron Nietzsche y Rilke, se volcó en atenciones con el joven político que, en cierto modo, venía a ocupar el vacío dejado por uno de sus queridos sobrinos, muerto en los frentes de batalla durante la Gran Guerra. Tampoco en esta ocasión rechazó el futuro dictador, que en 1920 estaba pasando por un delicado momento económico, las atenciones de la señora Bruckmann.

Otra de las mujeres de la alta burguesía que brindó su apoyo a Hitler fue Helene Bechstein, ya mencionada en páginas anteriores. Los Bechstein estuvieron a su lado en los momentos más delicados de la trayecto-

ria política de Hitler, como fueron los meses en los que estuvo encarcelado, tras su fracasado golpe de Estado de 1923. Años más tarde él mismo
recordaba esas desinteresadas ayudas: «Cuando tras mi tiempo de prisión salí de la cárcel, y me encontré con el devastador panorama en el
que se encontraba el partido, fueron las afiliadas las que con su generosidad mantuvieron el movimiento», escribió en 1935.

La lista de las admiradoras de Hitler incluía otros nombres distinguidos como el de Winifred Wagner, nuera de Richard Wagner, el compositor por el que Hitler sentía una profunda admiración. De nacionalidad inglesa Winifred estaba casada con Siegfried Wagner, hijo del
compositor; y la simpatía que éste mostraba por el joven agitador político estaba fuera de toda duda: «Afortunadamente —escribía Siegfried
Wagner a un amigo, poco después de conocer a Hitler— aún existen
verdaderos varones alemanes. Hitler es un ser extraordinario, que muestra la auténtica alma del pueblo alemán». Sobran comentarios.

Por su parte, Winifred Wagner mostró hasta sus últimos años una
auténtica devoción por su «Lobo», como llamaba cariñosamente a Hitler. La amistad que sintió esta mujer por el dictador nazi fue tan intensa
que éste confesó en cierta ocasión que si alguna vez sintiera ganas de
casarse la Wagner sería su candidata preferida. Por lo que a ella respecta,
tras tener que someterse una vez finalizada la guerra a un juicio por su
vinculación con Hitler, siguió siendo fiel a esa amistad hasta su muerte.
Los crímenes ordenados por su «lobo» —si es que alguna vez quiso en-
terarse de ellos— no parecieron enturbiar esta amistad: «Puedo apartar
por completo al Hitler que conocí de aquel al que hoy se acusa de todo»,
afirmó en sus últimos años.

Pero los casos mencionados no son más que una parte de las relaciones sentimentales que Hitler mantuvo a lo largo de su vida. En 1926
aquel líder que había estado preso un par de años antes por intentar un
golpe de Estado conoció a una jovencita, un tal Maria Reiter, vendedora
en una tienda de telas. La diferencia de edad entre ambos no pareció ser
una traba para el idilio, y al cabo de unos meses la relación estaba conso-
lidada, si nos atenemos a las amorosas declaraciones que, según la muchacha, Hitler le hacía. «No te imaginas lo feliz que me hacen tus cartas
—decía Hitler a la joven en una de sus misivas—, porque en ellas me
parece estar oyendo tu amada voz. En esos momentos vuelvo a sentir
una fuerte nostalgia de ti..... Sí, niña mía, no puedes figurarte cuanto

significas para mí y lo mucho que te amo...» No cabe duda de que el futuro dictador de la Alemania nazi vivía un intenso mal de amores, propio de un muchacho veinteañero.

Esta relación se mantuvo vigente durante algún tiempo; pero al cabo, temiendo Hitler que aquella relación pudiera interferir en su carrera política —con la única que según sus palabras estaba «plenamente desposado»—, decidió alejarse de la joven. Ésta, más bien despechada —incluso intentó suicidarse en un arrebato amoroso—, se casó poco después con un nuevo pretendiente y regentó con su marido un pequeño hotel en la zona turística del lago Tegensee. El matrimonio, sin embargo, duró tan solo un par de años al cabo de los cuales la joven Mimí —al parecer éste era el diminutivo cariñoso que Hitler utilizaba con ella en privado— volvió a casarse.

Más admiradoras para el Gran Jefe

Es indudable que la mirada taladrante y el conato de bigote de Hitler hacían estragos en ciertos ámbitos femeninos de la Alemania de entre guerras. La lista de admiradoras impenitentes que bebían los vientos por él se fue ampliando a medida que se producía también su ascenso imparable en el mundo político. Y, sin duda, fueron las últimas mujeres en llegar las que desempeñaron un papel más significativo en la vida del dictador.

El caso de Magda Goebbels, la esposa del que más adelante se convertiría en el protervo ministro de Propaganda del Reich, resulta especialmente llamativo. En 1931 Magda Quandt, que así es como se llamaba por entonces, era la ex mujer de un millonario y una hembra muy llamativa. A esas circunstancias hay que añadir que poseía un temperamento ambicioso que no se paraba en barras a la hora de conseguir cuanto se proponía.

Magda Quandt, movida por un curioso interés político, hizo cuanto estaba en su mano para entrar en el cogollo del NSDAP y amigarse con el jefe de distrito Joseph Goebbels. Al cabo de unas cuantas entrevistas y reuniones en privado, ambos intimaron hasta el punto de considerarse pareja con perspectivas matrimoniales. Y puestas así las cosas, el entusiasmado novio quiso presentar su prometida a Hitler.

La entrevista de la futura señora Goebbels con Hitler no tranquilizó demasiado a aquel, que hizo en su diario algunos apuntes que dejaban traslucir su malestar: «La gente se arremolinaba en torno a Magda —escribió disgustado—, y a Hitler se le veía muy contento. Le gustan las mujeres hermosas. Yo preferí ponerme a tocar el piano porque me molesta oír los acostumbrados chistes. Magda se mostró muy coqueta y eso me disgustó…No estoy muy seguro de su futura fidelidad. Pero me alegro de que el jefe haya estado a gusto». Bueno, había que resignarse.

Ese primer contacto entre la todavía ex-señora Quandt y Hitler sirvió para establecer un entrañable contacto entre ambos. Ella era una mujer hermosa y dispuesta a la conquista; a él le encantaba ser admirado por una mujer que incorporaba todas las características físicas de la fémina aria. Wilfried von Oven, que desempeñó durante cierto tiempo la jefatura de prensa de Goebbels, apunta que lo que Hitler apreciaba en Magda era «una cierta coincidencia espiritual»(¿) Y que para tenerla cerca le instó a que se casase con Goebbels. Al referirse a este «romance oculto» Leni Riefenstahl escribe: «Magda me confesó en cierta ocasión que se había

Magda y Joseph Goebbels unieron sus vidas en matrimonio,
con una boda que tuvo como testigo a Hitler.

casado con Goebbels porque quería estar cerca de Hitler, que era el hombre al que realmente amaba». Todo un idilio entre bambalinas. Pero, en cualquier caso, Magda Goebbels vino a llenar el espacio sentimental que había dejado vacío, con su muerte, la joven Raubal.

¿Y quién era esta Angela, o Geli, Raubal? Pues, según se sabe, era la hija menor de la hermanastra de Hitler. Una muchacha notablemente atractiva que «en la calle la gente no deja de mirarla», como afirmaba el chófer de Hitler (un enamorado más de la Raubal). En 1929 esta joven que contaba poco más de veinte años había llegado a Munich para estudiar canto, con la ilusión de llegar a ser una gran artista. Pero a esta Geli Raubal no le agradaba mucho que su «tío Adolf» vigilase muy de cerca sus claras tendencias eróticas.

Hitler, por su parte, estaba muy interesado en su sobrinita, como dejan traslucir estas palabras dichas a su fotógrafo Heinrich Hoffman: «Me preocupa mucho el futuro de Geli... Ya sabe usted que para mí es lo más preciado, lo que más quiero. Tengo la obligación de protegerla, debo cuidar de ella y cuidar también las amistades que tiene. Me horroriza la idea de que pueda caer en manos de alguien que quiera aprovecharse de ella...»

Así pues, «tío Adolf» lo pasaba muy mal a causa de los devaneos de su veleidosa sobrina y trataba de vigilarla muy de cerca. Como hemos dicho, a la joven este control se le hacía muy desagradable, porque le impedía mantener las relaciones sentimentales que tanto le atraían. Sin embargo, a partir de 1931 Hitler estaba completamente inmerso en su campaña política y carecía de tiempo para dedicárselo a la joven. En septiembre de ese mismo año, hallándose «el tío Adolf» de viaje en campaña, la Raubal entró en la habitación de Hitler, cogió su pistola Ralther, regresó a su propio dormitorio y se pegó un tiro. La muerte debió ser instantánea, pero el cadáver de la joven no se descubrió hasta el día siguiente.

Cuando Hitler se enteró del suicidio de su sobrina regresó de inmediato a Munich. Sin duda la muerte de la muchacha le afectó profundamente, pero lo que más le preocupaba en aquellos momentos era la repercusión que el hecho pudiera tener en su carrera política. El suicidio de la Raubal fue investigado y Hitler tuvo que prestar declaración ante la policía. Todavía no era el amo de Alemania, y había algunos interrogantes que necesitaban ser resueltos. Era evidente que todo aquel asunto podía generar gran revuelo.

Pero tanto Hitler como Goebbels, que ya por entonces era su jefe de propaganda, decidieron aprovecharse de la muerte de la Raubal. A partir de ese momento Hitler anunció que carecía de vínculos que le ataran emocionalmente, y que su vida pertenecía por entero al pueblo alemán. No cabe duda de que el hombre sabía sacarle partido al tema.

La última de la lista

En la no corta relación de las mujeres que se sintieron atraídas por la figura de Adolf Hitler es necesario resaltar la figura de la que sería su definitiva compañera sentimental: Eva Braun.

Tras el suicidio de su sobrina, Hitler no estaba para muchos enredos sentimentales. La política significaba todo para él, y a ella trataba de dedicarle las veinticuatro horas del día. Sin embargo… sin embargo parece ser que las mujeres lo tenían siempre muy presente, cosa que a él no le desagradaba en absoluto.

En 1932, pocos meses después de la desgraciada muerte de su sobrina, Hitler volvió a contactar con Eva Braun, la joven que trabajaba en el estudio fotográfico de Hoffmann. Pero no fue ésta, al menos en principio, una relación a la que dedicara mucho tiempo ni que revistiera para él gran interés. Por lo demás, el que la joven fuera bastante simple no constituía un obstáculo. Como en cierta ocasión le comentó a Albert Speer, con quien llegó a mantener una buena amistad, los hombres inteligentes no debían tener a su lado mujeres que también lo fueran, «¡Imagine por un momento que una mujer se entrometiese en mi trabajo!». Inadmisible.

Sin la menor duda, Eva Braun cumplía a la perfección este requisito de la simplicidad mental. Su papel consistía básicamente en esperar a que el Jefe estuviera de buen humor y la cortejara. Pero, a veces, esas esperas se hacían interminables y la joven aprendiza de fotógrafo se angustiaba. En tal incertidumbre sentimental llegó el desastre.

Un mal día del mes de agosto de 1932, según se sabe, a la joven Braun se le ocurrió una idea desafortunada. Cogió la pistola de su padre e intentó suicidarse. Por lo que se puede ver, la cosa iba de suicidios en el entrono femenino del Jefe. El hecho no tuvo mayor trascendencia porque la herida que se produjo la muchacha no fue mortal (tal vez lo que pretendiera fuera llamar la atención de Hitler), pero el accidente sirvió para causar una honda preocupación al líder nazi, que no quería verse envuelto en un nuevo escándalo después de lo sucedido, un año antes, a la Raubal. A partir del intento de suicidio, la relación de Eva Braun y Hitler adquirió otra dimensión. El Jefe, a partir del momento en que fue nombrado Canciller del Reich decidió ocuparse de su joven amante. Naturalmente, la relación sentimental tenía que mantenerse en secreto, porque la imagen de Hitler no podía verse mancillada con un amor oculto, especialmente en su caso que proclamaba a diestro y siniestro que su único amor verdadero era Alemania.

De todos modos, y en un gesto de inusitada generosidad con su amante, prometió comprarle una casa en la que pudieran verse sin problemas. Para la joven Braun la propuesta de Hitler supuso la mayor de las alegrías. En su diario, del que apenas se conservan más que unas pocas páginas, escribió en febrero de 1935: «Ayer vino de forma totalmente inesperada y disfrutamos de una deliciosa velada. Lo mejor de todo es que se está planteando sacarme de la tienda —aunque no quiero lanzar las campanas al vuelo— y comprarme una pequeña casa. Es algo que me parece maravilloso. Dios mío, que esto se haga una realidad en un futuro no lejano». La joven Eva Braun empezaba a resarcirse de las cuitas pasadas.

Pero esta breve luna de miel no debió durar mucho porque poco después de escribir las frases que acabamos de incluir, la Braun confesaba en su diario que se encontraba desesperada porque nuevamente Hitler le hacía poco caso. La situación llegó a su clímax en mayo de ese año, fecha en la que intentó nuevamente el suicidio; una tentativa que, como en el caso anterior, se vio frustrada gracias esta vez a la rápida intervención de su hermana.

El aparente desdén mostrado por Hitler hacia Eva Braun estaba justificado no solamente por su entrega a la política, sino también por la aparición en escena de una joven perteneciente a la aristocracia británica, una tal Unity Mitford, que además de sus encantos personales compartía parecidos ideales políticos de extrema derecha, muy cercanos al nazismo del gran Jefe. Esta mujer pronto entró a formar parte del círculo íntimo de Hitler e, incluso, llegó a acompañarle en alguno de sus viajes por Alemania. Parecía ser una buena conocedora no sólo de asuntos políticos sino también del armamento británico, cosa nada frecuente en una mujer. Gerhard Engel, el ayudante militar de Hitler, escribió en una nota personal que la Mitford poseía unos conocimientos militares sorprendentes de la situación en la que se encontraba el ejército inglés antes de iniciarse la guerra.

Por tanto, eran muchos los alicientes que presentaba la joven inglesa para un Hitler que, como ya hemos apuntado, no era inmune a los halagos femeninos. Indudablemente, a la joven Eva Braun esta clase de intimidad de su amado con la *lady* inglesa la sacaba de quicio.

Los acontecimientos sufrieron un brusco cambio en septiembre de 1939, con la entrada de Inglaterra en la guerra. Nada más saberlo la Mitford devolvió a Hitler, a través de un jefe de las SS, una serie de documentos y pertenencias personales, se retiró a su domicilio en Munich y se pegó un tiro. Sobrevivió a este intento de suicidio (¡y siguen los suicidios!) Cuando Hitler visitó a la joven en la habitación del hospital que ocupaba se quedó impresionado por su estado. La joven fue trasladada a Inglaterra, al parecer siguiendo sus propios deseos, y murió en 1948 a consecuencia de las secuelas de aquel accidente.

La desaparición de la Mitford constituyó un anhelado descanso para Eva Braun que, de este modo, podía recuperar las atenciones de su Adolf. Éste, por su parte, también empezó a ocuparse más directamente de la joven, que recibió incluso autorización para acompañarle en algunos de sus desplazamientos, bajo la cobertura de secretaria particular.

En el círculo íntimo que rodeaba a Hitler, la figura de Eva Braun no levantaba muchas muestras de simpatía. Se la consideraba una muchacha un tanto alocada y con escasa preparación. La que fuera secretaria personal de Hitler escribió en su diario que cuando conoció a la Braun se quedó bastante sorprendida: «Era una muchachita joven, sencilla, muy vivaracha, con bastante acento bávaro en sus expresiones. Era una mujer atractiva, pero de ninguna manera representaba lo que cabría esperar de la mujer de nuestro máximo líder».

A espaldas del Jefe se hacían comentarios y bromas sobre aquella joven que no parecía darse cuenta del papel que ocupaba. Y entre las lenguas más afiladas se encontraban la de la propia hermanastra de Hitler, Angela Raubal, y sobre todo Magda Goebbels, que difícilmente soportaba la presencia de la Braun. Pero en medio de ese ambiente tan poco complaciente Hitler se mostró inflexible: la figura de Eva Braun era intocable, y cuantos osasen menospreciarla caerían en desgracia. Había que andarse con sumo cuidado con los amores del Jefe.

Pero no sería acertado creer que la joven Braun carecía de inteligencia. Sabía quedarse en un segundo plano cuando la situación lo requería y evitaba poner a Hitler en situaciones comprometidas.

«La secretaria» de Hitler

A lo largo de 1939 el papel de Eva Braun fue adquiriendo mayor relevancia. De hecho estuvo muy al tanto de importantes acontecimientos políticos, en contra de la opinión que se tuvo durante mucho tiempo según la cual no era más que una mera secretaria, para unos, o un simple juguete erótico para otros. Así, por ejemplo, cuando Hitler decidió la invasión de Polonia, y en el mes de septiembre de 1939 trató de enmascarar ese hecho ante su auditorio berlinés alegando que se trataba de una acción defensiva, Eva Braun estuvo presente en las conversaciones sostenidas al respecto, como también lo estuvo en otras ocasiones en las que se tomaron decisiones políticas de relieve.

No obstante, Hitler se esforzaba por evitar en público cualquier tipo de manifestación sentimental con Eva Braun, a fin de preservar su ima-

Adolf Hitler y su esposa Eva Braun en su residencia de verano.

gen de hombre inaccesible a sentimientos vulgares. Pero las personas que
estaban más en contacto con el trasfondo de su vida íntima sabían de sobra que la relación existente entre el gran Jefe y su amante era similar a la
que podría existir en cualquier pareja. Keinz Linge, ayuda de cámara de
Hitler manifestó en cierta ocasión que las relaciones sexuales existentes
entre Hitler y Eva Braun fueron en algunas ocasiones «especialmente ac-
tivas», lo que contradice la opinión que se tuvo durante bastante tiempo,
según la cual él nunca estuvo interesado en el sexo.

Por lo que respecta al comportamiento de Eva Braun resultaba evidente que ésta se mostraba muy distinta cuando Hitler estaba ausente.
Entonces aparecía la muchacha alegre y desinhibida que era. En su residencia de Berghof solía invitar a sus amigas, recibía a su familia e incluso daba fiestas en las que, en ocasiones, había baile. Un ambiente muy
distinto del usual cuando se hallaba presente su amante.

Esta atmósfera de aparente despreocupación, a la que era tan aficio-
nada Eva Braun, perduró hasta los comienzos de la guerra. A partir de
1941, fecha en que se inició la campaña militar contra la Unión Soviética, Hitler dejó de residir en Berghof para recluirse en la llamada «Guarida del Lobo». Las cosas mostraron un cariz muy diferente cuando muchas importantes ciudades, como Colonia, Bremen o Lübeck, empezaron
a sufrir los bombardeos aliados. El tiempo feliz de vino y rosas había
concluido para siempre.

Pero pese a las nubes de tormenta que empezaban a cubrir de forma
amenazadora el cielo de la Alemania nazi, la «señorita Braun»— como
se la solía llamar— siguió mostrando su carácter alegre y despreocu-
pado, viviendo en un mundo ajeno a la tragedia que se desarrollaba
en Europa. De todos modos, su aparente y particular jovialidad daba
paso en muchas ocasiones a la intranquilidad que afloraba, al considerar un futuro cada vez más incierto. Parece ser que con frecuencia preguntaba a las personas que tenía cerca si creían que el conflicto tendría
un final satisfactorio. Estaba claro que ya no vivía su despreocupación
de antaño.

Cada vez con mayor intensidad la antigua secretaria fue tomando
conciencia de que la situación por la que estaba pasando su país podía
desembocar en algo muy desagradable. Veía a su amado Adolf preocupado y, día a día, más envejecido; y aunque trataba de distraerse, el ambiente que la rodeaba no podía dejar de enturbiarse.

El 20 de julio de 1944 Eva Braun se enteró del atentado que había sufrido Hitler. Ella se encontraba en una de sus habituales excursiones, viviendo en la especie de limbo en el que se había instalado. Cuando le informaron de que Hitler había escapado increíblemente ileso del que, a todas luces, hubiera debido ser un atentado mortal, estuvo a punto de desmayarse. Por primera vez se le hizo evidente que el «hombre más poderoso del mundo», como ella consideraba a su Adolf, podía desaparecer en el momento más inesperado. ¿Y qué le sucedería a ella entonces? La joven despreocupada empezó a reconsiderar la posibilidad de un futuro muy amargo. Hitler le había hablado en más de una ocasión de lo que tendría que hacer en el caso de que él muriera. Ella, que nunca había querido escuchar esas amargas palabras, las sopesaba ahora con detenimiento.

En los primeros días de 1945 Eva Braun viajó a un Berlín que ya se encontraba sometida al cerco de las tropas soviéticas. Es muy posible que por entonces ya hubiera sopesado su decisión de morir al lado de su Adolf, si la situación lo exigía. En una de sus últimas declaraciones afirmó que estaba dispuesta a morir, que la muerte no le resultaba un paso difícil.

Por su parte Hitler decidió que había llegado el momento de dar cumplida satisfacción a los deseos largamente amordazados de Eva Braun, casándose con ella. En su testamento, dice lo siguiente: «Aunque en los últimos años de lucha creí oportuno que sería desacertado unirme en matrimonio, en estos momentos finales de mi vida he decidido tomar por esposa a la mujer que a lo largo de años de fiel amistad ha acudido voluntariamente a mi lado para compartir mi destino. Deseo que me acompañe en este último trance como mi esposa... Ella y yo, elegimos la muerte».

Es evidente que Hitler no se equivocaba cuando afirmaba, a veces en tono festivo, que no daba suerte a las mujeres. La lista de aquellas féminas que tuvieron que ver con él no fue corta: desde la Raubal y Unity Mitford hasta Eva Braun, sin olvidar tampoco a Magda Goebbels, que se quitó la vida junto con sus hijos. Una corte fanática que hilvanó su trágico final.

En las primeras horas del día 30 de abril de 1945, Eva Braun, ahora Eva Hitler, se envenenó con una cápsula de cianuro de potasio. Pocos minutos después Adolf Hitler mordía también una cápsula de veneno y, por si este fallaba, se descerraja un tiro de pistola en la sien. Había sonado la hora del acto final.

Gertraud Junge, la última secretaria personal que tuvo Hitler en la Cancillería, publicó una vez recuperada su libertad (fue apresada por los rusos y entregada a los norteamericanos que la retuvieron hasta 1947) una serie de obras en las que con buen estilo literario comenta los últimos momentos de Hitler. En una de las entrevistas que concedió, afirmaba que Eva Braun creía que pasaría a la Historia como una amante heroica, como la mujer del Führer. Y, a su juicio, esa esperanza fue la que le dio fuerzas para aceptar su dramático final.

Sin embargo, para el historiador Hugh Trevor-Roper* Eva Braun constituye una decepción en la Historia. En este mismo sentido otra historiadora, Heike Görtemaker, apunta lo siguiente: «Con su vida y con su muerte al lado de Hitler, Eva Braun quedó para siempre unida al inhumano régimen nacionalsocialista que, llevado por un antisemitismo radical, supuso el mayor hundimiento de los valores de nuestra civilización». Esos fueron los hechos.

De nuevo el engañoso Speer

Aunque en páginas anteriores hemos hablado ya de este personaje, poderoso entre los poderosos, de este Albert Speer perteneciente al más íntimo círculo hitleriano, no está demás que volvamos a él para perfilar algunas pinceladas de su maquiavélica personalidad. Porque como afirmó uno de sus biógrafos: «Si los fiscales de Nuremberg hubiesen contado con la información con la que contamos hoy en día, Speer hubiese sido condenado a la horca sin lugar a dudas».

Pero el jerarca de los arquitectos del nazismo supo eludir, como ya vimos en su momento, la justicia de los aliados con su fácil verborrea, su inteligente auto culpación y su aspecto de hombre en el fondo honesto, capaz y arrepentido. La suerte le sonrió porque como bien dice Van der

---

* Hugh Trevor-Roper (1914-2003) historiador, catedrático de Historia en Oxford y prolífico escritor, gozó de notable relevancia en los medios culturales británicos. Su autentificación de unos supuestos *Diarios de Hitler*, que se demostraron totalmente falsos, perjudicaron notablemente su prestigio, propiciando el declive de su carrera. (Nota del autor.)

Vat, el biógrafo anteriormente citado, en Nuremberg no disponían los aliados de todo el material incriminatorio necesario para condenar como se merecía al arquitecto Speer.

El hombre que, junto a su buen amigo Adolf Hitler, perfiló las líneas maestras de la futura «Germania», la soñada capital del Tercer Reich que habría de maravillar al mundo en el futuro, no tuvo el menor escrúpulo en permitir —aunque posteriormente manifestara su ignorancia al respecto— que miles y miles de trabajadores esclavos encontraran la muerte para llevar a cabo sus megalómanos proyectos.

Evidentemente, es necesario admitir que la astucia manifestada por Speer para eludir su responsabilidad en los crímenes nazis fue la propia de un cerebro brillante. Una astucia que se muestra más palpable a la hora de reconocer hipócritamente su culpabilidad y mostrar su condolido arrepentimiento. Porque lo cierto es que este jerarca de la arquitectura nazi siempre se mostró de acuerdo con las directrices de su «buen amigo» Hitler.

Esa sobresaliente habilidad que Speer demostró no sólo durante el juicio de Nuremberg sino también cuando, veinte años después, fue liberado de su encarcelamiento en la prisión de Spandau, constituyó el arma más poderosa de que dispuso para su supervivencia. Representó un entramado de argucias cargado de mentiras, pero tan brillante que los aliados cayeron en la trampa que les había tejido. Como apunta Van der Vat, también existe la mentira a través del silencio. Y eso fue precisamente lo que funcionó en Nuremberg, ya que al ocultar hechos fundamentales Speer mintió. Y el biógrafo añade: «Dicho de otro modo: había silenciado hechos que conocía con exactitud; un grado de implicación, el suyo, que la acusación no podía conocer entonces. Una estrategia que también funcionó muchos años más tarde».

Una vez recuperada la libertad Albert Speer trató de encontrar su lugar en el mundo. Y, de acuerdo con su criterio, en ese lugar que le correspondía no tenía cabida la vulgaridad. Con su aparente simpatía, con su pródiga «caballerosidad» logró, una vez más, alcanzar los objetivos que se proponía. La publicación de su *Diario de Spandau,* escrito durante su internamiento y con los medios más precarios, alcanzó ventas millonarias de las que el antiguo prisionero supo lucrarse con eficacia. Se hizo una primera tirada de estas supuestas confesiones de Speer que alcanzó más de doscientos mil ejemplares. En las páginas de ese diario, el otrora arquitecto del Reich se cuidaba mucho de comprometerse con declaraciones que le pudieran perjudicar. La tragedia del Holocausto era algo terrible, por supuesto, pero él no había tenido nada que ver en ello.

¿Y qué decía el antiguo amigo de Hitler de los miles de trabajadores esclavos que encontraron la muerte para llevar a cabo sus proyectos armamentísticos? Sí, claro, también eso sería un hecho terrible, siempre que pudiera probarse. El «caballeroso» Speer sabía guardarse la ropa en aquel océano de masacres terribles. En realidad, como apunta su biógrafo, logró defenderse de cuantos reproches y peligros le amenazaron en su momento.

Por lo que se refiere a su vida más íntima, una vez hubo recuperado la libertad, Speer se movió en un terreno un tanto complejo. Su mujer lo había esperado fielmente durante los largos años de reclusión, cuidando de los hijos y pasando, para poder hacerlo, no pocas vicisitudes. Pero aquel «arquitecto del diablo» o «nazi bueno», como se le consideró en su momento, de acuerdo con los opuestos puntos de vista de quienes lo juzgaran, recuperó en sus años de vejez no sólo el prestigio y la fortuna perdidos sino también el amor apasionado que, según su propio testimonio, nunca había vivido.

Ese amor llegó encarnado en una mujer que residía en Inglaterra, una alemana madre de varios hijos y casada con un inglés, que había quedado impresionada con la lectura del *Diario de Spandau*. Al parecer fue un amor, amor intenso, que surgió a primera vista. Speer, que nunca había experimentado los arrebatos del corazón, vivió ese romance intensamente durante algo más de un año con aquella mujer, a la que llevaba bastante más de treinta, y en cuyos brazos murió el último día de agosto de 1981.

Aquella relación tardía, aquel «feliz accidente», como lo calificó su biógrafo, fue sin duda una hermosa forma de decirle adiós a la vida. Una vida que había estado sazonada con ingredientes muy varios: triunfo, derrota y presidio, estrepitosas mentiras y posteriores escrúpulos mentales.

Cuando el final se acerca

Los habitantes de la Europa central que alzaran la vista al cielo no tendrían, en los últimos años de la contienda, otra panorámica que la de formaciones inacabables de bombarderos que, cual enormes pájaros de la muerte, llevaban su carga letal para descargarla sobre pueblos y ciudades. Era la terrible visión que se resistía a desaparecer. Estos demoledores bombardeos se venían repitiendo desde 1940, fecha en la que Hitler alardeó de que los aviones de Luftwaffe habían dejado caer, en un solo día, más de mil toneladas de bombas sobre la ciudad de Londres. Los ataques aéreos se sucedieron sin solución de continuidad sobre las ciudades de uno y otro bando. Coventry y Southampton de un lado, Manheim y Lübeck, por el otro, quedaron arrasadas. Solamente en Colonia, la bella ciudad del Rhin, resultaron destrozados

El día 2 de mayo de 1945 Berlín capitulaba. El día 7, en Reims (Francia) el general Jodl firmó la capitulación de toda Alemania ante el general Eisenhower.

más de doce mil edificios. En el mes de julio de 1943 Hamburgo quedó prácticamente en ruinas, tras una tormenta de fuego que hacinó cientos de cadáveres en los canales. Era necesario, al menos eso pensaban los dos bandos contendientes, hundir la moral de las poblaciones del enemigo.

Pero en 1944 Alemania todavía era capaz de llevar a cabo acciones desesperadas. Toda una división de paracaidistas ingleses quedó atrapada en Arnheim, en los Países Bajos, cuando intentaban conquistar la ciudad. A pesar de estos reveses el avance aliado era, si bien lento, ya irrefrenable. Excepto Montgomery, que siempre se mostraba un tanto impaciente, el resto del mando aliado no tenía mucha prisa porque ya se veía el final inevitable. ¿Para qué más heroísmos?

Los aliados occidentales continuaron su avance sin hallar oposición hasta encontrarse con los rusos, ya en pleno territorio alemán, en un pueblo de la baja Sajonia. De todos modos, los alemanes seguían resistiendo en las fronteras del este de forma desesperada; sin duda conscientes de lo que se les venía encima.

Las órdenes de Hitler eran tajantes: no habría retirada. Las tropas deberían permanecer en donde se encontraban, atrincheradas si fuera preciso. Por el este, los soviéticos avanzaban sin grandes obstáculos. En octubre de 1944 ya habían liberado Belgrado y continuado su progresiva marcha hacia Berlín. Hitler había nombrado a Himmler para que tomase el mando de las tropas de esa zona, que no eran sino el brazo armado del Partido nazi, las denominadas fuerzas Waffen-SS; pero nada podía detener a los rusos que avanzaban a muy buena marcha, a un promedio de más de treinta kilómetros diarios.

En los últimos días de febrero de 1945 todos los contraataques alemanes habían fracasado estrepitosamente. El ejército soviético se encontraba a tan solo ochenta kilómetros de Berlín. Cientos de miles de refugiados marchaban a través de la nieve arrastrando lo que les quedaba de sus enseres. Civiles y funcionarios nazis que huían de los rusos, consiguieron llegar a las costas del Báltico y embarcar en un buque de pasajeros, el *Wilhelm Guttlof*. Fue una huida hacia la muerte: el buque fue hundido por un submarino soviético, y unas nueve mil personas perecieron ahogadas en uno de los peores desastres marítimos de todos los tiempos.

Mientras tanto los ataques aéreos aliados proseguían, cada vez con mayor virulencia. La RAF destruyó en sus incursiones sobre Alemania dos hermosas ciudades: Postdam y, sobre todo, Dresde, la «Florencia del Elba». El bombardeo de esta ciudad, incendiada y envuelta en una «tormenta de fuego», en la que perecieron según los datos más fiables entre veinte y veinticinco mil civiles, representa un hecho terrible que algunos no dudaron en considerar un auténtico crimen de guerra. Indudablemente, los aliados se habían propuesto crear un clima de terror con sus bombardeos a ciudades en las que, por lo general, solamente conseguían diezmar a sus poblaciones civiles, errando en muchas ocasiones los objetivos militares propuestos.

En 1945 Hitler se había convertido en una sombra de sí mismo. Los dudosos tratamientos del doctor Morell no lograban paliar su progresivo deterioro; y la noticia de la muerte de su íntimo amigo Mussolini, linchado el 28 de abril, tampoco constituyó un estímulo para su derrotado ánimo. No obstante, sus ataques de ira, tan frecuentes en los últimos tiempos, no permitían la menor réplica a sus desmotivados generales. Imaginaba en su alterada mente nuevos frentes y movimientos de tropas inexistentes. Pero, en muchos casos, era fundamental que sus oyentes guardaran silencio y transigieran con el engaño.

El 9 de abril la histórica ciudad de Königsberg, que había sufrido inclementes bombardeos, se rindió a los soviéticos y el mariscal Zhukov pudo concentrar todo su ataque en el cerco a Berlín. Se trataba de un ejército formidable que incluía a casi dos millones y medio de hombres, y un imponente despliegue de miles de tanques, aviones y más de cuarenta mil piezas de artillería. Berlín quedó totalmente rodeado el 19 de abril, y Hitler se dio finalmente cuenta de que sus quiméricas pretensiones de un posible rescate de sus tropas se habían desvanecido por completo. Ya no se podía albergar la menor duda sobre el inminente final.

«El dios caníbal»

El ya mencionado historiador británico Hugh Trevor-Roper, a quien los Servicios ingleses de Inteligencia le encomendaron al concluir la guerra, un estudio sobre el final del régimen nazi, escribió lo siguiente: «En sus últimos días, en aquellos días de la estrategia suicida, Hitler se asemejaba a un dios caníbal que se complacía al contemplar las ruinas de sus propios templos. La mayor parte de sus órdenes postreras tenían como único objetivo la destrucción total y el exterminio. Día tras día se complacía en la destrucción y la muerte. Había que aniquilar a los prisioneros, asesinar al que fuera su cirujano, ejecutar a su cuñado, eliminar físicamente a cuantos consideraba traidores. Como un monarca sanguinario de la antigüedad, Hitler deseaba marchar a la tumba en olor de sacrificios humanos...» Esta visión del historiador británico se ajusta a una terrible realidad.

Estamos en los primeros días del mes de abril de 1945. Las tropas de Alexander recorren Italia sin la menor oposición, Patton ya está en Baviera y las tropas rusas se encuentran a las puertas de Berlín. Franceses e ingleses ocupan Bremen y Hamburgo. El Reich de los mil años está a punto de desmoronarse. ¿Qué está haciendo Hitler mientras tanto?

A bastantes metros bajo el jardín de la Cancillería, en ese búnker que ya no abandona, un Hitler enfermo y alejado de toda realidad trata de resistir. Las noticias que llegan del exterior hablan de un final impostergable. La victoria definitiva de las fuerzas aliadas con la caída de Berlín es cuestión de días.

Finalmente, Hitler llama a su arquitecto y amigo Albert Speer. Su exposición no admite paliativos: si la guerra está perdida, la nación también ha de perecer. Es una decisión tajante. Hay que pedirle al pueblo alemán que arrase sus poblaciones, que vuele los puentes sobre los ríos, que destruya todos los transportes; en definitiva, que no deje piedra sobre piedra. Speer oye atónito las órdenes del jefe. En su cabeza no está la idea de cumplirlas pero, de momento, es necesario callar. Hay que transigir, como lo ha hecho tantas veces.

El 20 de abril, cumpleaños de Hitler, los generales del Estado mayor nazi apremian al Jefe para que tome una decisión. Es necesario que abandone Berlín inmediatamente, antes de que el cerco que establezcan las tropas rusas bloquee todas las salidas de la ciudad. Por la noche se produce la estampida de cientos de nazis. El alto mando insiste una vez más en que Hitler deje también la ciudad y parta hacia su refugio de Obersalzburg, porque ya solo queda esa opción. Él se niega.

Dos días más tarde las tropas soviéticas entran en Berlín. Hitler se estremece. Ha vivido unos días de patológico entusiasmo, estableciendo frentes que ya no existen y movilizando ejércitos que solamente se mueven en su descabalada mente. Los mandos militares y sus asesores personales tratan de convencerle por última vez para que abandone

Berlín era una ciudad devastada: calles en ruinas con cadáveres abandonados, personas caminando entre escombros, etc.

Berlín, pero él vuelve a negarse. Quiere defender la derruida capital del Reich a toda costa. Un deseo imposible, porque Berlín ya no se puede defender.

Son muchas, y algunas muy dispares, las opiniones que tienen los historiadores sobre la aparentemente ilógica decisión tomada por Hitler en estos últimos momentos. Sólo su mente, ya abocada al caos, conocía sus intenciones.

Y llegó el final

Afirma Antony Beevor, comentarista de la estremecedora agonía del Tercer Reich, que el hecho de que Alemania hubiera continuado luchando durante tanto tiempo se debía, en buena medida, a que la idea de la derrota provocaba en los combatientes, y en toda la nación, una convicción de catástrofe total.

En la mayoría de los alemanes había el convencimiento de que su país iba a quedar totalmente subyugado, y que los soldados de su otrora brillante ejército pasarían el resto de sus vidas como esclavos en las heladas tierras siberianas.

Sin embargo, resulta sorprendente que una vez que quedó totalmente destruida la resistencia tras la muerte de Hitler, la actitud de los alemanes sorprendió a los rusos que habían conquistado Berlín. En lugar de producirse una guerra de guerrillas, como habían pensado, los vencidos mostraron una impensable docilidad y disciplina. Alguno de los oficiales del estado mayor del general Vasili Chuikov, héroe de la Unión Soviética y nombrado mariscal tras la guerra, atribuyó esta disposición del pueblo alemán al respeto que éste tenía por el poder existente.

Merece la pena mencionar una última anécdota: los oficiales del ejército rojo se quedaban admirados ante la naturalidad con que muchos alemanes confeccionaban banderas comunistas recortando la cruz gamada del centro de la enseña escarlata de los nazis. No eran pocos los berlineses que se referían a este giro de ciento ochenta grados de la mentalidad germana como una especie de ¡*Heil Stalin!*

Fuera como fuese, la espantosa matanza a que dio lugar la Segunda Guerra Mundial, con todas las innumerables tragedias que incorporó, había llegado a su definitivo final.

Bibliografía

Amouroux, *La grande histoire des français sous l'Occupation,* Ed. Robert Laffont, París, 1976.

Angebert, Jean Michel, *Los místicos del sol,* Ed. Plaza&Janés, Barcelona, 1974.

Arbois, Julien, *Histoires insolites de la Seconde Guerre Mondiale,* City Editions, 2014.

Beevor Antony, *Berlín, la caída: 1945,* E. Crítica, Barcelona, 2002.

Bergier,Jacques y Pauwels Louis, *La rebeli*ón de los brujos, Plaza& Janés, Barcelona, 1971.

Bessy, Maurice, *1000 imágenes de la historia de la magia,* Ed. Pont-Royal, París, 1962.

Blavatski, Helena, *La Doctrina secreta,* Barcelona, 1947.

Bothiva, Zam, *La Fraternité des Polaires,* Ebook Esoterique, 1991.

Brennan J.H., *Occult Reich,* F. Publication Ltd.,London, 1974.

Brissaud, André, *Hitler et l'Ordre Noir,* Presses de la Cité, París 1969.

Churchward, James, *The Sacred Symbols of Mu,* London, 1933.

Cirlot, Juan-Eduardo, *Diccionario de símbolos,* Editorial Labor, S.A. Barcelona, 1985.

Davis, Renée, *La Croix gamé, cette énigme,* Presses de la Cité, París, 1967.

Eder, Cyril, *Las condesas de la Gestapo*, Editorial El Ateneo, Buenos Aires, 2007.

Evola, Julius, *Il mistero del Graal,* Ed. Mediterraneé, Roma, 1972.

Fest, Goachim, *Les Maîtres du III Reich,* Ed. Grasset, París, 1965.

Gehlen, Reinhard, *Servicio secreto. Memorias del jefe del Servicio de Inteligencia.* Ed. Noguer y Caralt, Barcelona, 1972.

Guénon, René, *El simbolismo de la cruz,* Ed. Vega, 1930.

Goerlitz y Quint, *Adolf Hitler,* Ed. Le livre contemporain, París, 1975.

Howe, Ellic, *Astrología y la guerra psicol*ógica durante la Segunda Guerra Mundial, Londres,1972.

Hutin, Serge, *Gouvernants invisibles*, Editions J'ai Lu, París, 1974.

Kernetz,C. *La chute d'Hitler,* Tallandier, 1940.

Kersaudy, Francois, *Les secrets du III Reich,* E. Perrin, París, 2013.

Kirkpatrick Sidney, *Les reliques sacrées d'Hitler*, C. Documents, París, 2010.

Knopp, Guido, *Secretos del Tercer Reich,* Crítica, Barcelona, 2011.

Liddell Hart, Basil, *Les* Généraux allemands parlent, Editions Perrin, 2011.

Luytens, D.C. *Curieuses histoires du III Reich,* Jourdan Editions, París-Bruselas, 2011.

Rainer, Hans, *Los horrores nazis,* E. Rodegar, Barcelona, 1971.

Shirer, William L., *Berlin diary; the journal of a foreign correspondent, 1934-1941,* Ed. Alfred A. Knopf, New York, 1951.

Stone, Norman, *World War Two, A Short History,*London, 2023.

Trevor-Roper, H.R. *Les Derniers jours d'Hitler,* Ed. Calmann-Lévy, 1944.

Títulos publicados en la colección Historia-Bélica:

Comandos y Raids
Pere Romanillos

Maquis, espías y héroes
Daniel Arasa

Criminales nazis del exterminio
Ernesto Frers

Diarios del Día-D
Carol Harris

Lucharon en batallas decisivas
Pedro Pablo García May

La resistencia contra los nazis
Hervé Barre

Espías y la guerra secreta
José Luis Caballero

Los secretos ocultos del Tercer Reich
Paul Lemond

La Caída de Berlín
José Luis Caballero

Submarinos
Manuel J. Prieto

**Fugas y evasiones de la Segunda
Guerra Mundial**
Pedro Pablo G. May